Aaliyah

Aaliyah 26

© Carlsen Verlag

1938 in Nkalinzi, Ostafrika, geboren, verbrachte Hermann Schulz seine Kindheit und Jugend in Moers-Repelen. Nach einer Buchhändlerlehre in Neukirchen-Vluyn ging er in den Bergbau und arbeitete als Gedinge-schlepper. Dann machte er sich auf in die Welt und bereiste u. a. Südame-rika, Afrika und den Vorderen Orient. Von 1967 bis 2001 leitete Hermann Schulz den Peter Hammer Verlag in Wuppertal. Im Carlsen Verlag hat er zahlreiche, von der Kritik hochgelobte Romane veröffentlicht.

Hermann Schulz

MANDELA & NELSON

Das Länderspiel

Außerdem von Hermann Schulz im Carlsen Verlag lieferbar:

Auf dem Strom

Iskender

Sonnennebel

Flucht durch den Winter

Leg nieder dein Herz

Der silberne Jaguar

Der Autor dankt Nkwabi Ngangasamala für seine wunderbare Begleitung
zu Trainingsspielen und Schulen in Bagamoyo und Rudolf Blauth
vom »Freundeskreis Bagamoyo« für seine Beratung.

Veröffentlicht im Carlsen Verlag
April 2013
Copyright © 2010 Carlsen Verlag GmbH, Hamburg
Umschlagbild und Vignetten: Jörg Mühle
Umschlaggestaltung: formlabor
Corporate Design Taschenbuch: bell étage
Druck und Bindung: CPI books GmbH, Leck
ISBN 978-3-551-31227-3
Printed in Germany

Alle Bücher im Internet: www.carlsen.de

Einige Personen und Anmerkungen

Nelson (ich)

Frühaufsteher und ruhiger Typ, Fachmann für allerlei Getier, Kapitän der Fußballmannschaft

Mandela

meine Zwillingsschwester, putzt sich gerne raus und tanzt am liebsten auf Tischen. Gefährliche Abwehrspielerin, wie auch ihre Freundinnen Hanan und Hanifa

Maeda Haji

Lehrer und Gründer unseres Fußballvereins, der »Saadani Football Team« heißt

Nkwabi Ngangasamala

unser Trainer, Trommellehrer und Pantomime vom Victoriasee, lebt bei uns in Bagamoyo

Hussein Sosovele

ehemaliger Fußballstar, manchmal unser Berater

Pater Jonathan

freundlicher Priester in der katholischen Mission, Fußball-liebhaber und dem Alkohol nicht gerade abgeneigt

Pater Johannes (John) Henschel

ein katholischer Priester, der an der Geschichte unserer Stadt Bagamoyo sehr interessiert ist. Er veröffentlichte zahlreiche Schriften, unter anderem über den Sklavenhandel, die früheren deutschen Kolonialherren und über alte Türen in Bagamoyo

Boma

altes deutsches Regierungsgebäude in Bagamoyo, steht unter Denkmalschutz, aber niemand hat Geld, es wirklich zu erhalten. »Boma« ist ein Wort aus der Kisuaheli-Sprache und bedeutet »Einzäunung, Schutz«

Travellers Lodge

Hotel mit vielen kleinen Übernachtungshäuschen und einem Restaurant

Freundeskreis Bagamoyo

Verein in Beckum/Westfalen, der uns hier in Bagamoyo unterstützt

Sewa-Haji-Schule

gegründet von Sewa Haji (1851–1897), einem wohlhabenden Muslim aus Indien, der in Ostafrika Krankenhäuser und Schulen für alle Rassen gestiftet hat

Julius Kambarage Nyerere

(1922–1999) war der erste Präsident Tansanias (von 1962 bis 1985). Er wird in unserem Land bis heute verehrt und trägt den besonderen Titel Walimu (Lehrer)

Mirambo

afrikanischer König (Geburtsjahr nicht bekannt, gestorben 1884), der durch die Vereinigung der tansanischen Nyamwezi-Völker und durch seinen gut organisierten Staat mit schlagkräftiger Armee berühmt wurde. Er kämpfte gegen die Sklavenhändler und europäischen Eindringlinge. Man nannte ihn auch den »Napoleon Afrikas«

Jambo, habari gani?

Guten Tag! Wie geht's?

Kwa heri

Auf Wiedersehen

Mzee

höfliche Anrede für weise alte Männer oder Frauen

Mzungu

Bezeichnung in Kisuaheli für alle Weißen

Spieler der tansanischen Mannschaft

Nelson (ich), Mandela, Hanan, Hanifa, Mirambo, Said, Yakobo, Tutupa, Guido, Omari, Kassim

Spieler der deutschen Mannschaft

Otto, Asaf, Soner, Nicki, Paul, Boris, René, Rudi, Wölfchen, Yannik, Olaf

Schiedsrichter und Trainer

Willi Afenwedde

Linienrichter

Nkwabi Ngangasamala und Hussein Sosovele

1 RATTEN SIND MÄNNERSACHE

Ich gehörte nie zu denen, die ihre Schwester grundsätzlich ablehnen. Aber wer selbst eine hat, kennt die Vor- und Nachteile. In meinem Fall lagen die Dinge so: Während ich um sechs Uhr morgens für meinen Papa mit dem klapprigen Handwagen loszog, um Futter für seine Tiere zu besorgen, stand sie vor dem Spiegel und flocht sich silberne Bänder in die Haare. Sie zog sich die Lippen nach, betrachtete sich wohlgefällig von allen Seiten und zupfte an ihren eleganten Leggins herum.

Manche finden so etwas ja schön. Ich habe über Firlefanz meine eigene Meinung. Wenn ältere Frauen sich herausputzen, mag es ja noch angehen, aber meine Schwester Mandela war gerade mal elf Jahre alt!

Aber was regte ich mich auf? Ich hatte jeden Morgen alle Hände voll zu tun. Zwanzig Minuten bevor die Schule begann, musste ich zurück sein und Papa alle Frösche, Ratten, Mungos und Eidechsen, die ich gefangen hatte, abliefern. Glaub ja nicht, er wäre mal auf den Gedanken gekommen, mich zu loben! Nein, im Gegenteil: Meist brachte ich seiner Meinung nach nicht genug nach Hause und er gab mir, wenn ich nicht höllisch aufpasste, so ganz nebenbei eine Kopfnuss.

Wenn ich ihn auf Gerechtigkeit ansprach und dass sich Mandela ja mal beteiligen könnte, knurrte er: »Einem Mädchen kann man solche Arbeiten nicht zumuten, mein lieber Sohn Nelson! Das ist Männersache!« Dabei klopfte er mir auf die Schulter, dass beinahe mein Schlüsselbein brach. »Na dann raus mit dir! Ab in die Schule!«

Dem nächsten Schlag auf die Schulter wich ich meistens geschickt aus. Er meinte es ja nicht böse, er hatte eine harte Hand und im Grunde ein weiches Herz.

Damit du besser verstehst, wovon ich hier rede, muss ich erst einmal erzählen, dass es sich bei Mandela um keine normale Schwester handelt: Sie und ich wurden am gleichen Tag geboren, und zwar am 9. Mai. Wir sind Zwillinge. Leider kam sie eine halbe Stunde früher als ich zur Welt. Manchmal habe ich den Eindruck, dass sie diesen Umstand zu ihrem Vorteil ausnutzt, und dass sie ein Mädchen ist, sowieso.

Der 9. Mai! Jeder in der Welt weiß, dass am 9. Mai 1994 Nelson Mandela erster schwarzer Präsident von Südafrika wurde. Mein begeisterter Vater hatte sofort die Idee, diesem Ereignis zu Ehren meine Schwester Mandela und mich Nelson zu nennen. Damals fanden das alle großartig. Den alten Mandela fand ich ja auch in Ordnung. Nur in der Schule kriegte ich regelmäßig alberne Bemerkungen zu hören. Vor allem, wenn meine Schwester und ich gemeinsam auftraten. Was sich ja nicht ganz vermeiden ließ.

Aber ich will mich nicht beklagen. Einer in unserer Klasse hieß doch tatsächlich *Baden-Württemberg* mit Vornamen, ein anderes Zwillingspaar *George* und *Washington*. Weil es ihren Eltern gerade so eingefallen war. Dann schon lieber Nelson und Mandela.

Zu allem Überfluss sahen Mandela und ich uns auch noch ähnlich, obwohl die meisten sagten, meine Schwester sei eine richtige Schönheit. Das hat zu mir noch niemand gesagt.

Mandela war auch sonst anders als ich: Sie war immer vorlaut und prügelte sich bei jeder Gelegenheit. In unserer Mannschaft hatte sie als gefährliche Abwehrspielerin die meisten Roten Karten gesehen. Sie stolzierte über den Schulhof, als wäre sie ein Fernsehstar oder mindestens ein Mannequin. Da hättest du mal die anderen Muslim-Mädchen sehen sollen! Die meisten liefen schüchtern und verschlossen herum.

Mandela trat ziemlich selbstbewusst auf und ließ sich nichts gefallen. Dagegen war ich ein Waisenknabe, wie man so sagt. Ich bin bis heute eher der ruhige Typ, der nachdenkt und die Dinge auf sich zukommen lässt. Sie handelte oft unüberlegt und heizte sogar meinen Eltern gehörig ein, wenn ihr etwas nicht passte. Aber das ist noch nicht die ganze Wahrheit: Sie erzählte zu Hause alles, jede Kleinigkeit, die passiert war oder die sie angestellt hatte. Und wunderte sich, wenn sie von meinen Eltern Zunder bekam.

Ich hielt aus naheliegenden Gründen lieber die Klappe. Eltern müssen doch nicht alles wissen!

An dem, was ich so trieb, zeigte Mandela wenig Interesse. Außer am Fußballspiel, wo wir uns sicher wie Schlafwandler die Pässe zuspielten.

Sie warf äußerst selten einmal einen Blick in meinen Handwagen, obwohl das, was ich am Delta des Ruvu River und bei den Reisfeldern eingesammelt hatte, durchaus sehenswert war. Aber für Mandela war eine Ratte von fünfzig Zentimetern Länge keine Sensation.

Ich hatte also einige Gründe, mich über sie und mein Leben zu beklagen. Aber gleichzeitig war sie immer meine allerliebste Schwester.

2 Papas Erziehungsmassnahmen

Auf meinem Handwagen rumorte es gewaltig. Die Viecher spürten wohl, dass es ihnen an den Kragen gehen würde. Ich stapfte mit meinen Gummistiefeln noch einmal durch das Brackwasser und versah die Fallen mit neuen Ködern. Bevor ich zurückging, schob ich sie an die aussichtsreichsten Plätze und band mein Boot unter den Büschen fest. Die Orte, wo man den besten Fang machte, hatte ich in langer harter Arbeit herausgefunden. Ich könnte ohne weiteres behaupten, ein erfahrener Experte für Frösche, Mungos und Ratten zu sein.

Dass ich diese frühen Morgenstunden nicht nur als lästig empfand, behielt ich für mich. Bei Sonnenaufgang war die Luft am Wasser ganz frisch und bewegungslos. Auch wenn es lange nicht geregnet hatte, blühten die Bäume und Büsche rot, blau und rostgelb, den ganzen Weg vom Fluss bis zu Hause. Wenn man sonst allein herumhängt, langweilt man sich schon mal. Aber dieses Alleinsein am Morgen war was anderes und gefiel mir.

Heute war keine Schule. Ich hatte mit Mandela verabredet, dass wir unseren Eltern nichts davon sagen würden. Hoffentlich hielt sich das Plappermaul daran. So ein halber Tag zum Herumstreunen war wunderbar. Erst am Nachmittag würde unser Fußballtraining beginnen. Ich wusste nicht, was Mandela vorhatte. Ich jedenfalls wollte zum Hafen, das heißt zum Strand. Denn nach allem, was ich über Häfen wusste, gab es hier keinen richtigen. Wir nannten dieses Stück Strand aber Hafen. Mal sehen, wen ich traf und was es da gerade Interessantes gab. Vielleicht kam ein Schiff aus Sansibar oder ein Fischerboot mit einem riesigen Hai im Schleppnetz. Man konnte nie vorher wissen, was am Strand los war. Selbst wenn nichts Besonderes passierte, war es unterhaltsam, den Handwerkern dort zuzusehen, wie sie an ihren Booten herumhämmerten. Sie waren zwar nicht gerade erpicht darauf, dass streunende Kinder sie bei der Arbeit störten und dumme Bemerkungen machten. Aber das juckte uns doch nicht!

Regelmäßig suchten wir in der freien Zeit die Mauern vor den Hotels ab. Die verwöhnten Kinder der europäischen oder amerikanischen Touristen ließen unter den Palmen im Sand eine Menge Sachen liegen: Gummibälle, Spielzeug, T-Shirts, Sonnenschutzöl oder anderes Zeug. Unglaublich, was die alles nicht mehr haben wollten! Was diesseits der Mauer landete und nicht sofort zurückgeholt wurde, durfte man mitnehmen. Das war kein Diebstahl. Was wir nicht selbst brauchten, verkauften wir an Mister Willies. Er war der Einzige, der uns einen fairen Preis zahlte.

Solche kleinen Geschäfte fand ich besser als zum Beispiel die Einnahmequelle einiger aus meiner Klasse. Sie kleideten sich besonders elend, streunten in der Nähe von weißen Touristen herum und gaben sich als Straßenkinder ohne Eltern aus. Du müsstest mal gesehen haben, wie herzzerreißend sie dabei guckten! Das brachte gutes Geld, denn viele mitleidige Weiße fielen auf den Trick herein.

Für mich käme das nur im äußersten Notfall in Frage. Wir waren schließlich keine von diesen Straßenkindern, die tatsächlich von Bettelei leben mussten. Davon gibt es hier in Bagamoyo eine Menge, wenn auch nicht so viele wie in den größeren Städten.

Es sah so aus, als ob es ein schöner Tag werden würde. Ich zog mit meiner Karre los und kam gut gelaunt auf unserem Hof an. Papa trat aus dem Schuppen, wo er Futtersäcke, Maschendraht, Glasscheiben und sein Handwerkszeug verwahrte. Er wischte sich an einem blauen Tuch das Öl von den Händen und warf finster einen Blick auf meinen heutigen Fang.

»Mehr Frösche sollst du bringen, hab ich gesagt!«, maulte er und versuchte, mir wieder eine Kopfnuss zu geben. Weil ich seine Hand verdächtig zucken sah, konnte ich ihm rechtzeitig ausweichen.

»Um diese Jahreszeit ist das schwierig«, sagte ich fachmännisch und stellte mich an die Vitrine mit den Gaboonvipern. »Sie verziehen sich in tieferes Wasser, zum Laichen«, schob ich nach. Er sah mich erstaunt an.

»Wer hat dir denn so einen Blödsinn erzählt!«, knurrte er und steckte sich eine Zigarette an. Obwohl Mama ihm verboten hatte, Zigaretten zu rauchen. Es war ein Vertrauensbeweis, dass er in meiner Gegenwart rauchte, und ich würde ihn niemals an Mama verraten.

»Unser Herr Professor in der Schule«, sagte ich ganz wichtig. »Professor« war natürlich übertrieben. Er war nur ein einfacher Grundschullehrer. Papa hatte ja keine Ahnung, er hat nie eine Schule von innen gesehen. Obwohl er kein Dummkopf ist, das muss ich wohl für manche Leute ausdrücklich betonen!

»Dann lauf los«, sagte er und kam mir mit seiner großen Hand näher. Ich verzog mich, denn er würde es noch einmal versuchen. Vermutlich gehörten Kopfnüsse zu seinen analphabetischen Erziehungsmaßnahmen. Darauf konnte ich gern verzichten.

»Wann ist die Schule zu Ende?«, rief er mir nach.

»Erst gegen drei. Und dann beginnt das Training«, flötete ich und rannte los. Ihm war gar nicht aufgefallen, dass ich auf das Frühstück verzichtete und meine Schulbücher nicht dabeihatte. Manchmal ist es nützlich, einen Analphabeten zum Vater zu haben.

Mama hat früher eine Schule besucht und dafür gesorgt, dass bei uns Bücher ins Haus kamen, englische und welche in unserer Sprache, Kisuaheli. Sie las jedes Buch selbst, bevor sie uns daran ließ. Wenn ich abends schon im Bett lag, hörte ich oft, wie sie meinem Papa etwas vorlas.

Als ich an diesem Morgen loszog, arbeitete sie gerade in der Küche. Sonst hätte ich wohl den ganzen Tag lang zur Tarnung meine Schultasche mit mir herumschleppen müssen. Die Arbeitsteilung zwischen Mann und Frau hat eben ihre Vorteile.

3 Beim Nachdenken kann eine Menge passieren

Nein, Papa ist kein Dummkopf. Sein Schlangenzoo war die Sensation, auch wenn die Einnahmen nach der Eröffnung noch nicht sofort seinen hohen Erwartungen entsprachen. Vier Jahre zuvor hatte er seine Arbeit im Hotel *Livingstone Club* verloren, weil wieder einmal der Besitzer wechselte und der neue seine eigenen Leute mitbrachte. Da hat Papa sich einen halben Tag vor unser Haus gesetzt, um nachzudenken. Niemand durfte laut sprechen oder Lärm machen. Mama ging auf Zehenspitzen, obwohl sie immer barfuß geht und sowieso nicht zu hören ist. Papa saß auf einem Stuhl wie eine hölzerne Götzenfigur. Nicht einmal seine Augen bewegten sich. Das hab ich bemerkt, als ich ganz nahe herangegangen bin. Ich wollte wissen, ob er noch lebte. Beim Nachdenken kann ja allerhand passieren.

Ich wedelte mit einer Hand vor seinem Gesicht. Keine Regung. Da berührte ich vorsichtig seine Hand, die auf seinem Knie lag. Sie war warm. Tote sind bekanntermaßen kalt. Also lebte er.

Das bekamen wir wenig später noch deutlicher zu spüren. Wir saßen beim Abendessen am Tisch, nur Mama, Mandela und ich.

Man konnte meiner Mutter ansehen, dass sie sich Sorgen machte. Immer wieder guckte sie zur Tür, vor der ihr Mann wie eine Holzfigur saß und sich nicht rührte.

Dann passierte es! Er sprang auf, watschelte in die Küche, umarmte Mama und hob sie vergnügt einen halben Meter hoch.

»Ich hab's herausgefunden!«, flüsterte er, aber so laut, dass sicher auch die Nachbarn es noch verstehen konnten. Mama führte ihn wie einen Blinden an den Tisch und setzte ihm Reis mit Soße vor.

»Was hast du herausgefunden, Calvin?«, fragte sie vorsichtig. Er grinste vor sich hin. Mehr erfuhren wir an diesem Abend nicht. Wir waren aber froh, dass er wieder gut gelaunt mit uns am Tisch saß. Denn abgesehen von Mama ist Papa die Seele des Hauses.

Am nächsten Tag machte er sich an die Arbeit, ohne irgendjemandem zu sagen, was er vorhatte. Mandela und ich rätselten, was das werden sollte: Er trieb zwischen den Palmen und Büschen neben und hinter unserem Haus Pfähle in die Erde, nagelte Bretter zusammen, schnitt Wellblech zurecht, passte Glasscheiben ein. Er mauerte und klopfte herum. Er schien einen genauen Plan zu haben, aber wir konnten nicht erkennen, welchen. Etwas Schriftliches hatte er sowieso nicht.

Ich hatte ja keine Ahnung, wie wichtig das alles bald für mich werden würde und welche Rolle ich in seinem künftigen Unternehmen spielen sollte. Wer noch nicht darauf gekommen ist, erfährt es jetzt: Papa baute ein Terrarium für Schlangen. Beim Abendessen klärte er uns auf. »Die Touristen aus Europa fahren alle in unseren Nationalpark Serengeti. Dort kriegen sie 'ne Menge

Tiere zu sehen, das ist richtig und gut so. Aber zu Afrika gehören auch Schlangen. Habt ihr schon mal jemanden getroffen, der von Schlangen in der Serengeti erzählt hat?« Triumphierend blickte er in die Runde. »Nein, die verkriechen sich nämlich. Bei mir werden die Touristen alles anschauen können: große Schlangen, kleine Schlangen. Ich baue einen Zoo für Schlangen. Vielleicht nehme ich später auch Krokodile dazu. Damit werden wir viel Geld verdienen. Du, Nelson, kriegst von den ersten Einnahmen neue Turnschuhe. Und du, meine liebe Mandela, ein wunderbares Kleid aus Seide.« Mandela strahlte. Dann umarmte er stürmisch unsere Mutter. »Du, meine Herzensschöne, bekommst … Na, rate mal!«

Mama zierte sich und kicherte. »Aber Calvin!«, sagte sie verlegen. »Ich weiß wirklich nicht …!«

»Dir kaufen wir das Fahrrad, das du dir schon so lange gewünscht hast. Ich habe es dir vor unserer Hochzeit versprochen.«

Mama richtete sich auf. »Sonst hätte ich auch nicht dich genommen, sondern einen anderen«, betonte sie selbstbewusst.

»Du kannst dich darauf verlassen. Bald ist es so weit!« Mit zufriedenem Lächeln saß Papa am Tisch, wie ein alter König, der nach verlorenem Krieg sein Land endlich wieder in Ordnung gebracht hat.

Wie wir dann an die Schlangen gekommen sind, ist eine andere Geschichte. Die erzähle ich später, wenn ich Zeit habe. Wichtiger ist, dass ich auf neue Turnschuhe heute noch warte. Aber die alten Dinger tun es schließlich auch noch.

Mama hat inzwischen ihr Rad bekommen. Du solltest mal sehen, wie stolz sie damit zum Markt radelt und von allen beneidet wird.

♣ WAS MAN SO AM STRAND ZU SEHEN KRIEGT

Ich war also unterwegs zum Strand, um den schönen freien Tag auszunutzen. Man brauchte gut zwanzig Minuten von unserer Schlangenfarm bis zum Hafen. Das war kein langweiliger Weg wie so manche andere. Dabei erlebte man meistens jede Menge. Doch heute waren kaum Kinder unterwegs und auch alle anderen Leute schienen sich verkrochen zu haben.

Gleich am Anfang des Strandes hinter einer Böschung mit Gestrüpp und Palmen gab es zwei Hotels. Ich kontrollierte den Bereich vor den Mauern: ein paar leere Plastikflaschen, Legosteine, ein einzelner zerrissener Turnschuh – nichts Brauchbares.

Wir hatten Ebbe und der Strand dehnte sich jetzt weit aus. Am Wasser traf ich Yakobo. Er hatte einen riesigen Tintenfisch in beiden Händen. Er schlug ihn immer wieder auf den festen Sand, damit die Tinte auslief. Du hättest mal versuchen sollen, Yakobo zu fragen, wie er ihn gefangen hat! Auf so was antwortete er nicht, sondern lächelte nur geheimnisvoll.

»Ich bin Einzelkämpfer«, sagte er manchmal ganz stolz.

Wir haben nie herausbekommen, wie er die Tintenfische ohne

Boot und Netze aus dem Wasser bekam. Er verkaufte sie an die Restaurants, fing sie aber nur, wenn er dringend Geld brauchte. Er war so ungefähr der faulste Zwölfjährige, den du dir denken kannst. Deshalb spielte er in unserer Fußballmannschaft auch den Torwart.

»Mister Yakobo, heute Nachmittag haben wir Training«, sagte ich und sah ihm einen Moment lang zu. Es hatte keinen Zweck, über den riesigen Tintenfisch zu diskutieren. Er würde nie mit seinem Geheimnis herausrücken.

»Ich brauche kein Training«, murmelte Yakobo. Klatsch, klatsch, schlug er den toten Tintenfisch auf den Strand. Alles war voller ausgelaufener Tinte.

»Wenn das der Trainer hört, schmeißt er dich raus«, sagte ich, weil mir sonst nichts einfiel. Das war natürlich Unsinn, denn einen besseren Torwart als Yakobo findet man in ganz Ostafrika nicht. Er sagte nichts dazu. Da er keine Lust hatte, mit mir zu reden, schlenderte ich weiter und kam dem Hafen immer näher. Bei einigen Büschen, etwa fünfzig Meter vom Wasser entfernt, sah ich *Mzee* Alex sein Boot reparieren. Der Alte ist ein Freund meines Vaters und bringt ihm fast jede Woche eine neue Sorte von Schlangen. Ich schaute eine Minute lang zu, wie er morsche Holzstücke aus der Bootswand brach. Die Ersatzteile hatte er sorgfältig vorbereitet, alles mit der Hand.

»*Jambo, Mzee* Alex«, grüßte ich ihn höflich. Er sah hoch und schob seine Mütze aus der Stirn. In seinem Mundwinkel klebte der winzige Rest einer erloschenen Zigarette. Er nickte mir zu. Das war seine Art, meinen Gruß zu erwidern. Er war ziemlich maulfaul und ich hatte immer den Ehrgeiz, ihn zum Sprechen zu bringen.

21

»Wo kriegst du eigentlich die Schlangen her?« Das wollte ich ihn schon lange mal fragen.

»Die Schlangen?« Er hielt in seiner Arbeit inne. »Mister Nelson, wo ich die Schlangen herkriege?« Mehr sagte er nicht und arbeitete weiter, als hätte ich nichts gefragt. Klopf. Klopf.

Ich ließ nicht locker. »Niemand bringt Papa so viele Schlangen wie du, *Mzee* Alex.« Ich hatte Bewunderung in meine Stimme gelegt, denn ich wollte ihn dazu bringen, noch mehr zu sagen. Er schwieg, als hätte er nichts gehört.

»Alle Welt wundert sich, wo du die Schlangen herkriegst.«

Um ihn von seiner Arbeit abzulenken, machte ich ein paar Tanzschritte im Sand. Wenn ich tanzte, ließ sonst jeder den Hammer fallen.

Vergeblich. Nicht einmal Papa hat es jemals herausgefunden, und Papa ist wahrhaftig kein Dummkopf.

So hatte hier bei uns fast jeder sein Geheimnis.

Ein wenig entfernt schlug Yakobo immer noch seinen Tintenfisch auf den Sand, als wolle er ihn bestrafen.

Ich kam der Hafengegend immer näher. Du musst dir keinen Hafen wie in den großen Städten vorstellen. Daressalam zum Beispiel. Hier bei uns steht nur ein altes Zollhaus aus der deutschen Kolonialzeit, mit Sonnenschutz vor den Fenstern und ein paar hohen Pfählen daneben. Direkt gegenüber siehst du ein Dutzend Betonklötze, aus denen rostige Eisenstangen ragen. Das sind die Reste eines Hotels oder Clubhauses, das die Deutschen damals hier errichtet haben.

Manche Wichtigtuer erzählen den Touristen, um es spannend

zu machen, an den Stangen wären früher die Sklaven angebunden worden. Sie hätten sich auf die Klötze stellen und von den arabischen und europäischen Händlern besichtigen lassen müssen. Wer keinen Käufer fand, durfte hier in Bagamoyo bleiben. Die anderen wurden mit großen Booten nach Sansibar gebracht und von dort nach Amerika oder sonst wohin transportiert.

Das ist Unsinn. Hier gab es zwar ziemlich lange Menschenhandel, aber dafür brauchte man keine Betonklötze. Als wir in der Schule über das Thema sprachen, habe ich den Lehrer gefragt, wo denn die Sklaven blieben, die niemand kaufen wollte.

»Die wurden im Landesinnern verkauft, mit Rabatt«, sagte er. »Oder sie flüchteten zur katholischen Mission, bekamen einen Freibrief und ein Stück Land geschenkt.« Dann hob er seine Stimme. Das tat er immer, wenn er etwas zu sagen hatte, was wir uns für alle Zeiten merken sollten. »Hier bei uns leben nur zwei Sorten von Familien: die Nachkommen von Sklaven und die von Sklavenhaltern.«

Er wollte, dass jeder von uns aufstand und sagte, zu welcher Sorte von Familie wir gehörten.

Ich wusste sehr genau, dass mein Urgroßvater vom Victoriasee als Sklave hierher gekommen war. Das hatte mir Mama erzählt. Aber niemand in der Klasse kriegte seinen Hintern hoch, alle blieben sitzen. Ich auch. Lehrer Kamata wurde ganz traurig. Er hatte kein Verständnis dafür, dass niemand mitmachen wollte, die alten Geschichten noch einmal aufzurühren. Wir redeten ja auch sonst nicht darüber. Aber *Walimu* Kamata war verrückt nach Geschichtsforschung. Ich hörte, dass er manchmal gemeinsam mit Pater Henschel von Haus zu Haus ging, um die alten

Leute nach ihrer Kindheit zu befragen. Die beiden haben sogar ein Buch darüber geschrieben, aber keiner aus der Klasse hatte es gelesen.

Also, jetzt weiß jeder, was es mit diesen Betonklötzen am Hafen auf sich hat. Schau sie dir an, wenn du mal zufällig hier bist, aber fall nicht auf Sklavenschwindel herein!

Mitten auf dem momentan ziemlich leeren Strand beim Zollhaus saß – wie seit Wochen – Said und putzte Fische. Eine ganze Tonne voll war noch zu erledigen. Ich begrüßte ihn mit »*Jambo, habari gani?*«, aber er blickte nicht einmal auf. Ich bewunderte ihn, denn niemals hatte ich jemanden getroffen, der schneller und sauberer große und kleine Fische putzen konnte. Selbst die Marktfrauen, die ziemlich fix sind in solchen Sachen, brauchten mehr Zeit für diese Arbeit. Zuerst schuppte er sie ab, in einem Affentempo, schrubb, schrubb. Dann schlitzte er sie auf, entfernte alles, was im Bauch steckte – und warf den fertigen Fisch in einen Eimer. Ich beobachtete ihn ein paar Minuten lang und staunte, wie er es fertigbrachte, hier auf einem alten dreckigen Sack zu sitzen und die Fische so zu bearbeiten, dass kaum ein Körnchen Sand an ihnen kleben blieb. Said war ein Meister im Fischeputzen und in unserer Fußballmannschaft der beste Libero. Niemand hatte originellere Ideen, die gegnerische Mannschaft auszutricksen oder gefährliche Pässe zu spielen! Leider hatte er wenig Zeit, weil er sie zum Fischeputzen brauchte. Seit sein Vater krank war, musste er Geld herbeischaffen für die ganze große Familie. Auch in die Schule konnte er nicht mehr gehen.

»Heute Nachmittag ist Training«, sagte ich und hockte mich

einen Augenblick lang zu ihm. Er hielt keinen Moment inne, sah mich nicht einmal an, so vertieft war er in seine Arbeit.

»Und wer soll die Fische fertig machen?«, fragte er böse. Sein Gesicht war angespannt, seine Augen waren gerötet.

»Du kannst doch mal Pause machen. Seit wann sitzt du denn schon hier?«

»Seit Sonnenaufgang«, antwortete er. Schrubb, schrubb, wieder war ein Fisch fertig und flog in den Eimer. Da lagen schon mindestens fünfzig.

»Also, kommst du?«

Said schüttelte den Kopf. Nur wenn wir ihn wirklich brauchten, vor drei Wochen zum Beispiel, als wir gegen unser Nachbardorf Kikoka antraten, war er dabei. Dann gewannen wir mit ziemlicher Sicherheit. Aber er stellte Bedingungen, als wäre er eine Berühmtheit wie der englische Star David Beckham: Zwei Ersatzspieler mussten für ihn Fische putzen. Ein einzelner schaffte nicht so viel wie er selbst. Er wollte seinen Job unter keinen Umständen verlieren.

Heute machte es keinen Sinn, länger auf ihn einzureden. Ich zuckte mit den Schultern, um ihm zu zeigen, dass mir das leidtäte, und schlenderte weiter.

Dabei ging mir durch den Kopf, dass wir eine traurige Fußballmannschaft waren: mit mir als Kapitän, mit einem guten, aber stinkfaulen Torwart, drei Mädchen in der Abwehr, mit einem wunderbar begabten und einfallsreichen Libero, der Fische putzen musste, unserem Stürmer Mirambo, der kaum ein Wort über die Lippen brachte, und dem stark mit anderen Dingen beschäftigten Nkwabi als Trainer. Er war als Pantomime und Trommellehrer meistens unterwegs, statt uns regelmäßig zu trainieren.

Außerdem gab es in unserer Truppe noch eine Menge anderer Probleme, die sich gewaschen hatten. Aber darauf komm ich später noch zu sprechen.

Ich blickte die Straße hoch, die zwischen Zollhaus und Betonklötzen in den Ort führt. Vom Markt stieg Qualm auf, er zog sanft in der Morgenhitze über die bunt gewürfelten Häuserdächer aus Wellblech oder Schindeln hinweg. An einem Gebäude waren Handwerker auf hohen Gerüsten dabei, die Wände zu verputzen. Der Touristenladen für Holzschnitzereien und Bilder öffnete gerade. Ein in Lumpen gekleideter Mann zerrte an einem rostigen Drahtzaun herum wie an einem störrischen Esel. Ich konnte sein Fluchen gut hören. Die Marktstände aus schwarzen Brettern, Wellblech oder geflochtenen Palmblättern standen heute leer, nur eine Feuerstelle kokelte vor sich hin. Es roch nach verbranntem Gummi. Viel weiter konnte man nicht in den Ort sehen, weil die großen Palmen weit über die Dächer ragten und alles verdeckten.

Mandela und ihre beiden Freundinnen, Hanan und Hanifa, drückten sich im Schatten des alten Zollhauses herum. Sie taten nichts, sie quatschten nur herum und quiekten vor Vergnügen wie die Meerschweinchen. Die Mädchen bei uns benahmen sich immer ein bisschen albern und waren nicht so gelassen wie unsereiner. Ihre gute Laune steckte mich an, so dass sich auch meine trüben Gedanken, die mir beim Thema Fußball kamen, verflüchtigten.

Es sah nicht so aus, als hätten sie auf mich gewartet. Also schaute ich aufs Meer. Nur so. Es war schön, einfach mal auf das ruhige Wasser des Indischen Ozeans zu blicken.

Warum er Indischer Ozean heißt, habe ich nie herausgefunden. Nicht einmal Lehrer Kamata hat mir das erklären können. Lehrer wissen jede Menge, aber auch nicht alles. Ich bin der Meinung, er sollte *Afrikanischer* Ozean heißen. Wie die Inder ihn auf ihrer Seite nennen, ist mir ziemlich egal. Sind wir hier in Afrika? Oder wo?

5 Ein Schiff aus Sansibar

Ich erkannte es schon weit hinten am Horizont, mit seinen bunten flatternden Tüchern in der Sonne, dem breiten Bug – mal oben, mal unten. Ein Schiff steuerte auf unseren Hafen zu.

Es kam aus Sansibar, woher sonst?! Es war immer interessant, mitzukriegen, welche Leute hierher zu Besuch oder welche einfach nach Hause kamen. Und was sie an Neuigkeiten mitbrachten. In einer Viertelstunde würde das Schiff anlegen. Vielleicht kam ja Nkwabi, unser Trainer, zurück.

Es war noch keine elf Uhr und der Tag lag vor mir. Ich fühlte mich ganz gut, war nur ein bisschen enttäuscht, weil ich immer noch alleine herumhing. Wo steckten die anderen? Vermutlich hatte jeder zu Hause so getan, als müsste er zum Unterricht. Es gibt Tricks, sich einen freien Tag zu erobern, die jeder kannte – nur die Eltern schienen sie vergessen zu haben. Oder sie waren früher tatsächlich so brav wie die Nonnen gewesen, wie sie es immer erzählten.

Es dauerte nicht mehr lange und ich hörte das Tuckern des Dieselmotors. Er stotterte, als würde er jeden Moment aussetzen.

Aus dem Auspuffrohr qualmte es wie bei einem alten Autobus, aber die *Walimu Nyerere* hatte es wieder mal geschafft. Sie kam immer pünktlich an und fuhr pünktlich ab. Da soll sich keiner vertun. In Afrika achten wir auf so etwas, falls du es nicht schon mitgekriegt hast!

Weil es keinen Landungssteg gab, mussten alle Passagiere durchs Wasser waten. Ein riesiger Seemann mit gewaltigen Muskeln half den Älteren von Bord. Er fasste sie um die Hüften und setzte sie schwungvoll ins Wasser, als wären auch die dicksten Frauen leicht wie Puppen. Sie kreischten ein bisschen und schnatterten dann einfach weiter wie vorher. Unsere dicken Marktfrauen legen im Schnattern nur eine längere Pause ein, wenn sie tot sind.

Das Wasser reichte den meisten bis zum Knie. Nkwabi, unser Trainer, brauchte keine Hilfe beim Aussteigen. Er sprang barfuß und mit aufgekrempelter Hose hinunter und ließ sich seinen Koffer und die Schuhe reichen. Ich nahm mir vor, ihm das Gepäck zu tragen. Er ist ziemlich nett und einfach ein super Typ. Alle mochten ihn. Warum?, wirst du fragen. Ich kann es nicht genau erklären, aber er hatte ein Lächeln, dass man sich sofort gut fühlte, wenn man mit ihm redete. Und er machte bei jeder Gelegenheit Scherze. Er war nicht so trocken wie manche andere – und zugleich aufmerksam und verlässlich. Wie das zusammenpasst, habe ich bis heute noch nicht herausgefunden.

Wir schlugen die Fäuste gegeneinander, weil wir uns immer so begrüßten, lachten und alberten und er machte um seinen Koffer herum ein paar Tanzschritte. Dabei sang er:

»Wie kommt denn das schwere Ding da ins Kulturzentrum, wenn ich doch so schrecklich müde bin, die Nacht nicht geschlafen habe, und überhaupt …!«

Ich packte den Koffer und wir zogen los. Ich wunderte mich, dass er so leicht war. Vielleicht hatte Nkwabi ja nur den würzigen Nelkenduft aus Sansibar eingepackt. Er fing sofort an zu reden – und was er mir erzählte, war tatsächlich aufregend.

»Also, Mister Nelson, mein Spielführer! Hör gut zu! Und sag es der ganzen Mannschaft. Morgen schon kommt ein großer Bus aus Daressalam angefahren. Und wer sitzt in dem Bus? Alte Leute etwa? Zauberer auf Urlaub? Langweilige Touristen? Großwildjäger aus der Serengeti? Alle Marktfrauen Afrikas auf dem Weg zum Jahrestreffen? Neeeeiiiin! Eine richtige Jugendfußballmannschaft aus Deutschland! Sie wollen in drei Tagen gegen euch spielen, das habe ich mit ihnen in Sansibar eingefädelt. Sie haben von euch gehört und dass ihr unschlagbar seid!« Er blieb stehen, legte eine künstliche Pause ein und guckte traurig. »Keine Ahnung, wer ihnen das erzählt hat. Ich habe jedenfalls den Mund gehalten. Kein Wort darüber, dass ihr eigentlich undiszipliniert, faul, einfallslos und unbegabt seid.«

Ich ließ einen Moment lang den Koffer im Staub stehen, stellte mich vor ihn hin und sah ihn streng an: »Was sagst du da?«

»Keine Sorge. Ich habe von euren Schwächen wirklich nichts erzählt!«

»Und woher wissen sie, dass wir eine Supermannschaft sind?«

»Seid ihr das denn?« Nkwabis Augen blinzelten.

»Du bist mir ein toller Trainer!«

Ich wusste nicht so recht, ob ich über das, was er ihnen alles *nicht* erzählt hatte, sauer sein sollte. Dafür konnte ich ihn ja schlecht tadeln. Da bogen Mandela und ihre beiden Freundinnen um die Ecke.

»Ohne diese drei Usambaraveilchen da verliert ihr sowieso!«, sagte Nkwabi und zeigte auf die Mädchen, die immer noch kicherten. Er sagte es so laut, dass sie es hören konnten. Aber er hatte ja Recht, die drei waren die Stützen unserer Mannschaft.

Zuerst hatte es Zoff gegeben, weil die Mädchen bei uns mitspielen wollten. Said und einer der Mittelfeldspieler fanden das unmöglich und weigerten sich zuzustimmen. Da ist Mandela zum Sportlehrer an unserer Schule gegangen, Mister Maeda Haji. Mitten im Unterricht ist sie in seine Klasse geplatzt und hat ihn gefragt, ob gemischte Mannschaften beim Fußball verboten sind. Er war so überrascht, dass er ganz vergessen hat, ihr einen Anpfiff wegen der Störung des Unterrichts zu verpassen.

Abends hat der Lehrer lange in einem englischen Fußballbuch gelesen und sich mit einigen Freunden beraten. Sogar mit unserem Sportminister hat er telefoniert. Am nächsten Tag nahm er Mandela zur Seite.

»Ich habe ein ganzes Fußballbuch durchgearbeitet. Da steht kein Wort darüber drin! Und der Herr Minister in Daressalam meinte, das sei in Ordnung.«

Ihr könnt euch denken, dass Mandela am gleichen Nachmittag triumphierend beim Training erschien. Sie und ihre beiden Freundinnen spielten wirklich gut, sie bildeten die Verteidigungsmauer, da kam keiner lebend durch! Trotzdem waren wir nicht alle zufrieden mit der Lösung. Aber meine Schwester ließ nicht mit sich verhandeln.

»Wir sind noch nicht genug Mädchen, um eine eigene Mannschaft zu gründen. Also spielen wir mit euch!«, verkündete sie. Damit war die Sache für sie erledigt. Und wir gewöhnten uns daran.

Die drei Mädchen stürmten jetzt direkt auf Nkwabi und mich zu. Sie waren nicht allein. Zwei Meter hinter ihnen trabte wortlos Mirambo, unser rechter Stürmer. Es wirkte ein bisschen so, als wäre er ihr Leibwächter. Aber er war zu schüchtern, sie jemals anzusprechen. Auch auf dem Fußballplatz verlor er kaum ein Wort, obwohl er klasse spielte! Wenn er einmal den Ball erwischte, war er nicht zu halten. Schon sein Name flößte den Gegnern Angst und Schrecken ein. Mirambo war nämlich ein gefürchteter Fürst und Krieger gewesen, der in den Mondbergen weiter im Westen regierte. Er hat den Sklavenhändlern und anderen, die dort nichts verloren hatten, ganz schön eingeheizt, habe ich mal gelesen. Der machte mit Gaunern aus Arabien oder Europa kurzen Prozess.

Unser Mirambo war mit seinen elf Jahren schon einen Meter siebenundsiebzig groß. Seine Familie stammte von der Insel Ukerewe. Die Leute dort, musst du wissen, sind wahre Riesen – Männer wie Frauen. Schon bei ihrer Geburt sollen sie für gewöhnlich so groß sein wie bei uns die Erstklässler.

Mirambo war der größte Spieler in unserer Mannschaft. Ich selbst brachte damals gerade mal einen Meter fünfzig auf, was ein ärgerlicher Unterschied war.

Nkwabi erklärte den Mädchen und Mirambo ganz kurz, dass ein Spiel gegen eine Mannschaft aus Deutschland bevorstand.

»Also«, sagte er kurz und trocken. »Bringt den Platz in Ordnung. Seitenlinien, Strafraum, Elfmeterpunkt und vernünftige Netze in die Tore. Sonst blamieren wir uns. Wisst ihr«, er machte eine Pause, als käme jetzt erst der Höhepunkt, »die haben einen Trainer mit richtiger Ausbildung. In Daressalam haben sie fünf zu eins gewonnen, in Sansibar vier zu zwei. Mal sehen, wie hoch sie gegen euch gewinnen, ihr disziplinlose Bande!«

Ich wusste, er wollte unseren Widerspruch herauslocken, fiel aber nicht darauf herein, sondern sagte nur kurz: »Die spielen wir an die Wand! Wissen die denn, dass bei uns Mädchen in der Mannschaft spielen?«

»Ich habe es nicht ausdrücklich erwähnt«, antwortete Nkwabi und grinste verschlagen. »Aber die haben sicher auch ihre Geheimwaffen. Ab morgen übernachten sie in der *Travellers Lodge.* Vielleicht solltet ihr dann mal Kontakt aufnehmen und solche Einzelheiten mit ihnen bereden.« Wieder eine seiner typischen Pausen. Ich ahnte schon, was kommen würde. »Nelson, du bist Spielführer. Also kümmere dich um den Platz und alles andere, ja? Ich kann euch nicht dabei helfen, ich habe heute noch 'ne Menge Trommelkurse, und Besuch aus dem Ausland wird auch erwartet.« Er griff seinen Koffer und zog pfeifend los. Hin und wieder versuchte er einen Tanzschritt, man konnte sehen, dass er guter Laune war. Kein Wunder, er hatte mir ja gerade die ganze Verantwortung aufgehalst.

Mirambo sah mich mit einem fragenden Gesicht an wie ein Pferd, das wissen will, ob es rechts oder links gehen soll. Er würde mir helfen, auch wenn mich das wahrscheinlich nicht viel weiterbrachte. Ein toller Spieler, aber nicht gerade der hellste Kopf. Doch wie sich bald herausstellte, irrte ich mich da gewaltig!

6 Muslime gegen Christen?

Wir hatten oft diskutiert, dass unserer Mannschaft richtige Gegner fehlten. Die Spiele »Jungen gegen Mädchen« scheiterten daran, dass es nicht genug an Fußball interessierte Mädchen gab. Sollten wir etwa Spiele »Muslime gegen Christen« organisieren? Oder »Katholiken gegen Lutheraner«? Als wir diesen Plan Maeda Haji von unserer Schule vorschlugen, schüttelte er ärgerlich den Kopf.

»Das ist keine gute Idee! Wir brauchen in einer Mannschaft nur die Besten. Auf dem Platz darf die Zugehörigkeit zu einer Religion keine Rolle spielen.«

Maeda Haji war der Gründer unseres Fußballvereins und bestand darauf, dass wir am Ende jedes Spiels gemeinsam beteten, egal ob einer fromm war oder nicht, Muslim, Christ oder was anderes. Er formulierte die Gebete so, dass sie für jeden passten.

In der näheren Umgebung gab es nur zwei organisierte Mannschaften, eine in Kikoka und eine in Mlingotini. Gegen beide hatten wir je ein Mal gespielt, andere Verabredungen waren am Fahrgeld für den Bus gescheitert. Einmal haben wir es per Anhalter versucht.

Aber nur die Hälfte von uns kam pünktlich an und das Spiel musste ausfallen. Und wir konnten ja wohl kaum irgendwelche Herumtreiber – und davon gibt's auch hier bei uns jede Menge – auf der Straße oder am Strand anflehen, gegen uns zu spielen.

Aber jetzt hatten wir einen Gegner! Sogar eine gut geführte Mannschaft aus Europa, mit Trainer, Trikots und allem Drum und Dran. Es war allgemein bekannt, dass die beinahe täglich trainierten und jedes Spiel gewannen, so ungefähr. Über meine Sorgen, wir würden schon in der ersten Halbzeit den Bach runtergehen, wollte ich lieber nicht nachdenken.

Ich nahm mir vor, am Abend nach dem Training Hussein Sosovele zu besuchen. Er hatte sich im schönsten Stadtteil von Bagamoyo ein Haus gekauft, mit dem Geld, das er als Spieler bei *Juventus Turin* verdient hatte. Vorher war er bei *Grasshoppers Zürich* und irgendwo in Deutschland. Vielleicht konnte er mir ein paar Tipps geben für das Spiel.

Natürlich erschienen am Nachmittag nicht alle Spieler zum Training, was ganz normal für uns war. Nicht, dass es an Begeisterung fehlte, aber es gab einige, die wie Said eine Menge Arbeit für ihre Familien am Hals hatten. Sie mussten auf den Feldern helfen oder auf der Straße gekochte Eier oder Gebäck verkaufen. Dafür war Tintenfisch-Yakobo erschienen, Mirambo und die drei Mädchen sowieso. Außerdem der Mittelfeldspieler Guido Leshabari, Linksaußen Omari und Sturmspitze Tutupa Aly. Da wir dringend den Platz in Ordnung bringen mussten, war heute sowieso nicht viel Zeit für Trainingsarbeit. Außerdem würde der Trainer nicht kommen, die volle Verantwortung hatte ich.

Wir hockten uns im Kreis auf den Rasen des flachen Abhangs vor der Häuserruine, die einmal unser Vereinsheim werden sollte. Mehr als die vier Mauern mit Fensterlöchern gab es jedoch nicht. Im Innern wuchsen schon mannshohe Bäume und eine Menge Dornbüsche. Nicht gerade ein Clubheim zum Vorzeigen.

Mirambo steckte sich eine Zigarette an. Ich sagte missbilligend, das sei hier völlig fehl am Platz. Er grinste nur. Mit meiner Autorität war es wohl nicht weit her. Hoffentlich raucht er nicht auf dem Platz, wenn das große Spiel stattfindet, schoss es mir durch den Kopf. Ihm wäre es zuzutrauen. Er erlaubte sich manchmal noch ganz andere Peinlichkeiten während des Spiels: Manchmal flankte er den Ball zu einem Mitspieler, stellte sich an den Rand des Platzes und pinkelte einfach. Nkwabi hatte ihm immer wieder eingeschärft, dass es dafür die Halbzeitpause gebe, aber bisher hatte sich Mirambo nie darum gekümmert.

♣ Wie man ein Länderspiel vorbereitet

»Freunde, in drei Tagen findet unser großes Spiel gegen eine Mannschaft aus Deutschland statt. Das ist eine einmalige Herausforderung und eine Chance, aller Welt zu zeigen, was wir können.« Ich unterbrach meine Ansprache und blickte jeden einzeln an. »Jetzt kommt es darauf an! Ich werde mir heute Abend bei Hussein Sosovele Tipps für das Spiel holen und sie euch morgen weitergeben. Sosovele hat Erfahrungen in Europa gesammelt, in Italien und in anderen Ländern.« Ich hielt noch einmal inne, weil ich den Eindruck hatte, dass niemand richtig zuhörte. Ich musste mich wohl zuerst den praktischen Sachen zuwenden. »Wo kriegen wir Netze für das Tor her? Wer hat eine Idee?«

Mandela stand auf, setzte sich neben mich, so als sei sie stellvertretende Spielführerin, und ergriff das Wort. Das war mir nur recht, denn ich hatte noch keine Vorstellung, wie wir die vielen Probleme lösen konnten.

»Im Hafen liegt ein großer Berg zerrissener Fischernetze, die gammeln da vor sich hin und werden nicht mehr gebraucht.

Wenn wir sie doppelt und dreifach nehmen und an das Tor nageln, könnte es gehen«, schlug sie vor.

Ich fand, das war eine geniale Idee. Wieso war ich nicht selbst darauf gekommen? Ich war ja gerade an diesem Abfallhaufen vorbeigegangen! Aber Mandela war noch nicht fertig.

»Das machen Hanan, Hanifa und ich. Wahrscheinlich müssen wir sie richtig fest zusammennähen, damit sie bei scharfen Schüssen halten. Ich sage euch eins: Ohne vernünftige Netze müsst ihr auf mich verzichten. Das ist schließlich ein richtiges Länderspiel!«

Daran hatte ich noch gar nicht gedacht und jetzt stieg mir vor Aufregung das Blut in den Kopf.

»Ein Länderspiel gegen die ›Mehlsäcke‹!«, sagte Tutupa und lachte. Da musste ich eingreifen.

»Mehlsäcke sagt man nicht!«, ereiferte ich mich. »Das ist beleidigend und so etwas wie Rassismus! Wo hast du den Ausdruck überhaupt her?«

»Mein Papa nennt die Weißen so«, erklärte Tutupa. »Ein weißer Tourist hat ihn mal ›Kohlenkasten‹ genannt. Seitdem sind die Weißen für ihn ›Mehlsäcke‹.«

Gegen das Gelächter kam ich im Augenblick nicht an. Sogar die rotznasigen Knirpse, die sich wie immer neugierig um uns geschart hatten, prusteten vor Lachen. Allen voran Sam Njuma. Er war gerade mal vier Jahre alt, fehlte aber nie, wenn hier trainiert wurde. Er war verrückt nach Fußball. Eines Tages würde Sam bestimmt mal ein ganz Großer werden. Wenn man ihn fragte, wo er denn später gern spielen würde, nuschelte er: »Lubentus Turiiiiin.«

Auch ich fand Tutupas Erklärung eigentlich ganz witzig, aber Nkwabi würde solche Ausdrücke nicht dulden. Er konnte sehr streng sein. Genau wie unser Lehrer Maeda Haji.

»Dann nennen wir sie eben *Mzungu* wie alle hier«, schlug Mandela vor.

»Ist das denn besser? Es bedeutet: ›Leute, die nichts verstehen‹«, gab Tutupa zu bedenken.

»Immer noch besser als Mehlsäcke.« Damit ließ ich das Thema einfach fallen und wandte mich der nächsten Aufgabe zu: »Also gut. Als Nächstes müssen wir uns um die Seitenlinien kümmern, und um den Strafraum. Wo kriegen wir Kreide oder Kalk her?«

»Wie groß muss so ein Platz überhaupt sein?«, fragte Omari, der Linksaußen.

Meine Ratlosigkeit bemerkte keiner, weil genau in diesem Moment eine Kuhherde über den Platz getrieben wurde. Auch so etwas mussten wir verhindern, während das große Spiel stattfand. Ich kramte einen Zettel aus meiner Hosentasche und notierte:

Kuhherde

Netze (Mädchen)

Seitenlinien

Platzgröße bei Länderspielen

»Ich erkundige mich bei Sosovele, der weiß alles«, behauptete ich und wiederholte meine Frage. »Wo kriegen wir Kreide her?«

Großes Schweigen, und auch ich hatte keine Ahnung. Zu meiner Überraschung machte Mirambo einen wortkargen Vorschlag: »Sand!«

»Wie? Sand?«, fragten alle in der Runde.

»Sand!«, murmelte er noch einmal und blickte verlegen vor sich hin. Mir dämmerte, was er gemeint haben könnte.

»Du meinst, wir sollten die Seitenlinien und den Strafraum mit Sand statt mit Kreide markieren?«

Er nickte und als ich endlich begriffen hatte, fand ich seine Idee fabelhaft. Der Sand bei uns am Strand ist so weiß und der struppige Boden so dunkel, dass es funktionieren könnte.

»Danke, Mister Mirambo! Das ist eine sehr gute Idee. Wo kriegen wir eine Karre her, wir werden eine Menge Sand brauchen.« Schweigen, keiner hatte eine Vorstellung. Da kam wieder Mirambos schüchterne Stimme.

»Müllabfuhr!«, sagte er.

»Wie? Müllabfuhr?«

Mirambo nickte, erklärte aber nichts. Heute benahm er sich wie ein Lehrer, der eine Aufgabe stellt und geduldig wartet, bis die Schüler die Lösung finden. Ich ahnte, worauf er hinauswollte.

»Du denkst wohl an eine dieser hölzernen Handkarren, mit denen manche Leute ihren Müll auf die Kippe bringen?«, fragte ich.

Er hielt es nicht einmal für nötig, zu nicken. So sicher war er, dass sein Vorschlag gut war. Oder war er jetzt sogar zu schüchtern zum Nicken? Man kann unseren Stürmer schlecht durchschauen, weil er immer so wenig redet. Aber die Idee hatte etwas für sich und eine bessere lag nicht auf dem Tisch.

»Wer kennt jemanden, der uns eine solche Karre leihen könnte?«, fragte ich in die Runde. Wieder schwiegen alle. Da hob Mirambo einen Finger. Einen einzigen Finger! Ohne ein Wort zu sagen.

»Kannst du sie bis morgen beschaffen?«, fragte ich.

»Geht in Ordnung, Chef«, erwiderte er. Es war seit Wochen der längste Satz, den ich von ihm gehört hatte. Die Sache war geklärt und ich blickte ihn erleichtert an.

»Bis morgen weiß ich auch, wie groß der Platz bei Länderspielen sein muss. Hoffentlich müssen wir die Tore nicht versetzen. Dann hätten wir noch mehr Probleme am Hals.«

Da stand Mirambo auf, lief zu einem der Tore und schritt langsam auf das andere zu. Ganz konzentriert und gleichmäßig. Wir sahen stumm zu, wie er da entlangmarschierte, ein Riese in der prallen Sonne. Seine Haut glänzte tiefschwarz, denn er hatte kein T-Shirt an und schwitzte. Gespannt beobachteten wir ihn und ahnten, was er herausfinden wollte. Er war ja nicht auf den Kopf gefallen, dieser Riese von Ukerewe!

Als er das gegenüberliegende Tor erreicht hatte, hielt er inne. Dann rannte er in seiner unnachahmlichen Art zurück und ließ sich auf den Boden fallen. Er saß da wie vorher, als wäre nichts geschehen.

»Einhundertzehn Meter!«, murmelte er.

»Bist du sicher?«, fragte ich ihn.

Mirambo nickte.

Konnte ich mich darauf verlassen? Was war, wenn sein Schritt nicht so genau war? Ich brauchte unbedingt ein Messband zur Kontrolle. Aber woher wollte ich eines kriegen? Ich notierte mir:

Messband!

Ich kann es ruhig jetzt schon verraten, dass hundertzehn Meter auf den Zentimeter genau stimmten. Dieser Mirambo war auf seine Art ein Genie.

Ich ging noch am gleichen Abend zum Schreiner Haji Omari Bashir. Er war mit meinem Papa befreundet und lieh mir einen Messstock von zwei Metern Länge. In der Nacht habe ich heimlich die Länge des Platzes abgemessen. Das war, wie du dir sicher denken kannst, keine ganz leichte Arbeit. Ich musste im Dunkeln messen, damit niemand meinen Zweifel an Mirambo bemerkte und er sich nicht gedemütigt fühlte. Man muss als Kapitän behutsam mit seinen Mitspielern umgehen. Das habe ich von Nkwabi gelernt.

8 Eine Menge Probleme!

So verhielt ich mich auch am Nachmittag, als wir noch vor dem Clubhaus saßen, in dieser Sache äußerst vorsichtig. Ich hatte genug Sorgen und wollte Mirambo und die anderen Spieler nicht unnötig gegen mich aufbringen.

»Hoffentlich kommt das hin mit dem Torabstand. Sonst müssen wir doch noch ein Tor versetzen. Das wäre 'ne Heidenarbeit«, sagte ich.

»Kann ja auch sein, dass wir beide versetzen müssen«, gab Tutupa zu bedenken.

»Beide? Wieso denn?«, fragte ich.

Er guckte verlegen, auch die anderen dachten angestrengt nach.

»Weil der Abstand jedes Tors zur Mittellinie gleich sein muss«, erklärte Tutupa stolz, als hätte er den Stein der Weisen entdeckt.

»Du hast Recht. Aber die Mittellinie legen wir doch erst noch fest! Eines reicht also«, beendete ich die Diskussion. »Nach dem Abstand frage ich Sosovele heute Abend. Was noch?« Ich sah in die Runde.

»Mit welchen Schuhen spielen wir eigentlich?«, fragte Hanifa.

»Die Mehlsäcke haben sicher diese harten Klopper an. Die hauen uns doch die Knochen kaputt! Wie stellst du dir das vor, Mister Nelson?« Sie sah mich ein bisschen herausfordernd an. Hatte ich als Führungsspieler an diesem Nachmittag schon zu viele Schwächen gezeigt? Keine Zeit, darüber nachzudenken, aber das war tatsächlich mein wunder Punkt. Ich beschloss, nicht noch einmal das Wort »Mehlsäcke« zu kritisieren. Hanifa legte nach: »Oder findet unser fabelhafter Spielführer jemanden, der uns allen richtige Fußballschuhe bezahlt? Man hört ja manchmal Wunderdinge von ihm!«

Das allerdings konnte und wollte ich nicht überhören. Diese Dame war dabei, meine Autorität endgültig zu untergraben. Ich wartete nicht, ob Mandela einschreiten würde, die sich sonst in schwierigen Situationen immer an meine Seite stellte, und sagte so sicher wie möglich:

»Alle spielen in Turnschuhen! Das ist unsere Abmachung. Zufrieden, du Klugscheißerin?« Jetzt hatte ich die Lacher auf meiner Seite. Da ich nicht wusste, ob das bei einem Länderspiel überhaupt zulässig war, notierte ich mir heimlich auf meinem Zettel:

Spiel mit Turnschuhen klären

Ich hatte eine Menge hinter dem Rücken der anderen zu erledigen.

Jetzt meldete sich der faule Yakobo zu Wort: »Was machen wir, wenn Said nicht mitspielt? Ohne ihn kannst du das Spiel vergessen. Was meinst du, was die Weißen für eine Abwehr haben! Wie 'ne Mauer mit Stacheldraht unter Strom!«

»Ich rede mit Said. Wenn wir zwei oder drei Leute finden, die für ihn Fische putzen, dann ist er sicher mit dabei.« Mir gelang

44

es, sie mit dieser Bemerkung ein wenig zu beruhigen. Doch dann gingen die Fragen ungeordnet durcheinander und ich hatte keine Möglichkeit mehr, einzugreifen.

»Er hat seit Wochen nicht trainiert!«

»Der ist doch immer in Topform!«

»Und wer ist eigentlich Schiedsrichter?«

»Ohne Linienrichter geht kein Länderspiel!«

»Wann sollen wir eigentlich die Taktik einüben, wenn wir noch so viel zu tun haben?«

»Und wenn es regnet?«

»Ohne Zuschauer mache ich kein Länderspiel!«

»Die Presse sollte da sein!«

»Das Fernsehen sowieso.«

»Such hier mal einen Schiedsrichter, der die Regeln kennt …«

»… und eine Pfeife bedienen kann.«

»Mirambo darf auf keinen Fall während des Spiels pinkeln oder rauchen! Das geht dann durch die Weltpresse.«

Gelächter.

»Und Omari darf nicht wieder seine Bananen rausholen.«

»Was ist, wenn ich Hunger habe?«, maulte Omari.

»Iss vorher!«

»Pinkeln kann man auch nicht vorher!«

»Kann man doch …«

»Alle Schulklassen könnten verpflichtet werden, sich das Länderspiel anzusehen!«

»Nehmen wir Eintritt?«

»Und die Lehrer?«

»Eine Lehrerin bei uns ist blind.«

»Wir brauchen die Hilfe von einem Zauberer. Sonst können wir einpacken ... Ich kenn einen guten!«

»Wenigstens ein Amulett in unserem Tor ... Oder einen Uhu im Tor der anderen.«

»Kann nicht schaden!«

Wieder Gelächter.

So ging es noch eine halbe Stunde weiter. Das meiste war ein ziemlicher Blödsinn, aber es gab ein paar Stichwörter, die ich mir notierte. Wegen des Pinkelns musste ich noch mal eindringlich mit Mirambo reden. Ob es etwas nützen würde, wusste ich nicht. Er war aus besonderem Holz geschnitzt, wie alle Leute von Ukerewe. Das erzählte man sich so und vermutlich war etwas dran. Von Zaubermitteln hielt ich persönlich nicht viel, schon gar nichts von einem Uhu. So ein Amulett kann zwar Unheil bringen, würde unsere Spieler aber eher davon abhalten, ihm in die Nähe zu kommen. Außerdem: Wenn Mama erfuhr, dass wir mit Zauberkram arbeiteten, würde sie fuchsteufelswild werden. Papa war da toleranter.

In all dem Durcheinander kriegte ich es gerade noch hin, die ganze Truppe für den nächsten Nachmittag um drei Uhr auf den Platz zu bestellen: die Mädchen mit den Netzen, Nägeln und Nähzeugs, Mirambo mit einer Karre für den Sand. Bis dahin würde ich wissen, wie breit und lang der Platz sein müsste, und taktische Ratschläge von Hussein Sosovele haben.

❾ Superstar Hussein Sosovele

Ich wollte nicht zu spät bei Sosovele aufkreuzen, sonst riskierte ich, dass er mich nicht mehr vorließ. Glücklicherweise kannte ich ihn. Er hatte unserem Club zwei Fußbälle geschenkt und versprochen, uns zu trainieren. Seitdem hatten wir ihn aber nicht wieder auf dem Platz gesehen. Vielleicht hatte er zu viel damit zu tun, an den Erinnerungen aus seinem Fußballleben zu schreiben.

Es wurde schon langsam Abend und es war nicht mehr so heiß wie am Tag. Ein lauer Wind wehte durch die Palmen. Ich musste ein paar Hundert Meter den Strand entlang nach Süden, dann die Straße hinter dem neuen Hotel nach Westen nehmen. Sein Haus würde ich wiedererkennen.

Als ich ankam, saß er im Vorgarten seines Bungalows, ganz allein, in einem Liegestuhl. Er hatte eine kurze schwarze Hose an, ein schwarzes T-Shirt, auf der Nase eine schwarze Sonnenbrille mit noch schwärzeren Gläsern, die ein bisschen spiegelten. In der Hand hielt er ein Glas mit Orangensaft und er nuckelte an einem Strohhalm. So sieht bei uns ein Luxusleben aus, wenn einer als Fußballspieler genug Geld verdient hat.

»*Jambo*, Mister Sosovele«, begrüßte ich ihn und blieb höflich auf der Straße stehen. Er blickte einmal kurz über seinen Brillenrand hinweg und winkte mir, näher zu kommen.

»Was willst du, Mister Nelson?«

Ich war verwundert, dass der berühmte Mann sich meinen Namen gemerkt hatte.

»Also … Am Samstag ist hier ein Länderspiel. Unsere Truppe gegen eine Jugendmannschaft aus Europa. Ich glaube, die kommen aus Deutschland und haben in Daressalam und Sansibar gewonnen. Da wollte ich ein paar Tipps von Ihnen haben. Wenn Sie jetzt Zeit hätten …«

Ich ging quer durch seinen Vorgarten und setzte mich ihm gegenüber auf einen Hocker. Wieder blickte er über seinen Brillenrand, diesmal ziemlich lange, und sah mir in die Augen.

»Ihr verliert!«, sagte er müde und lehnte sich zurück. Dann wiederholte er noch einmal mit trauriger Stimme: »Ihr verliert!«

Was sollte ich darauf sagen? Ihm etwa zustimmen? Dann hätte ich auch gleich wieder gehen können. Stattdessen sagte ich so ruhig wie möglich: »Wir machen sie platt! Wir spielen sie an die Wand, dass sie quietschen. Wir hauen ihnen die Dinger rein, dass sie bedauern, gegen uns angetreten zu sein.« Während ich sprach, wurde meine Stimme immer sicherer und lauter.

In Sosoveles Gesicht erschien ein kleines Lächeln. Er nahm seine schwarze Brille ab und sah mich an.

»So, ihr wollt also gewinnen. Das ist gut so. Aber ihr werdet verlieren!«, sagte er.

»Warum verlieren wir?«

Er lehnte sich weit nach vorn und giftete: »Weil ihr keine Dis-

48

ziplin habt. Weil ihr nicht regelmäßig und nicht hart genug trainiert. Weil keiner von euch auf seiner Position auf dem Platz bleibt. Weil ihr wie eine wild gewordene Horde von Büffeln losstürmt. Weil europäische Mannschaften genau das Gegenteil davon sind – und deshalb immer gewinnen. Deshalb!« Bei seinem letzten Wort hob er den Finger wie ein Lehrer.

Mir blieb die Spucke weg. Was er da von sich gegeben hatte, hörte sich wie die strenge Predigt eines Pastors an, wenn die Kirche voller Sünder ist. Er war aber noch nicht fertig:

»Außerdem habt ihr keine Psychologie!«

Während ich kampfhaft überlegte, was diese Bemerkung sollte, lehnte er sich zurück und griff nach seinem Glas.

»Was ist das: Psychologie?«, fragte ich, obwohl ich das Wort schon einmal in der Schule oder von meiner Mutter gehört hatte.

»Das ist, wenn man nicht nur gut spielt, sondern Einfluss nimmt auf den Gegner, psychologisch gesehen.«

Ich verstand das nicht richtig, wollte aber nicht noch mehr davon hören. Wir waren gute Spieler, reichte das nicht aus? Oder waren die Amulette oder der andere Zauberkram damit gemeint?

»Wir haben dazugelernt«, sagte ich. »Auch Psychologie.« Vermutlich hörten sich meine Worte kleinlaut an.

Er lehnte sich wieder nach vorn, schob seine schwarze Brille in die Haare und musterte mich eingehend. »Was habt ihr denn gelernt? Einige pinkeln während des Spiels, andere holen sich ihre Banane oder ihren Maiskolben raus und essen. Oder sie setzen sich einfach irgendwohin, wenn sie müde sind oder keine Lust mehr haben. Und was ist mit dem Platz? So etwas nenne ich einen Acker! Nicht einmal Netze habt ihr im Tor!«

Sosovele stand auf und ging ärgerlich ein paar Schritte auf und ab, ohne mich aus den Augen zu lassen.

»Den Platz bringen wir in Ordnung. Ich wollte Sie sowieso fragen, wie groß der für Länderspiele sein muss. Ich finde das nirgendwo.«

»Hundertzehn mal fünfundsiebzig!«, stieß er hervor.

Ich machte mir sofort eine Notiz. Das war bisher die einzige Auskunft, die ich brauchen konnte.

»Mister Sosovele, haben Sie vielleicht einen Tipp für uns, welche Taktik wir nehmen sollen, oder wie man das nennt?«, fragte ich.

Er fummelte an seiner Brille und setzte sich wieder in den Liegestuhl. Sein Gesicht hatte jetzt einen ganz konzentrierten Ausdruck. So wie bei meinem Papa, wenn er eine neue Schlangensorte begutachtete.

»Schreib mit!«, befahl er. »Wenigstens ein paar Stichworte. Also: Ihr seid schneller und wendiger. Ihr spielt unkonventioneller, also könnt ihr sie überraschen, ihnen ihr Spiel kaputt machen. Ihr seid an das Klima gewöhnt, das ist ein weiterer Vorteil. Wenn ihr volles Tempo vorlegt, machen sie nach einer halben Stunde schlapp. Merkt euch das …« Er schien zu überlegen, lächelte und klopfte mit seiner langen schmalen Hand auf die Armlehne. »Wenn ihr einen guten Stürmer habt, schickt ihn sofort nach vorn, schießt ein frühes Tor. Das macht sie unsicher und sie kriegen Muffensausen. Dann sofort nachsetzen, bevor sie zur Besinnung kommen. Spielt sie schwindelig, hetzt sie über den Platz, bis sie sich nach Deutschland zurücksehnen. Und dann«, er lächelte jetzt breit, so dass ich seine weißen Zahnreihen komplett sehen konnte, und sprach plötzlich ganz leise, als verrate er mir ein Geheimnis: »Und dann zieht ihr euch zurück. Tut so, als sei euch die Luft ausgegangen. Das macht sie wieder mutig, lasst sie kommen, von rechts, von links, aus der Mitte. Tut so, als hätten sie euch in der Zange.« Er grinste wie ein lauernder Fuchs vor dem Hühnerstall und hob beschwörend eine Hand. »Jetzt schnappt ihr euch den Ball und kontert sie aus, schickt zwei der schnellsten Spieler nach vorn, die anderen behindern die nachrückenden Weißen. Egal, wie! Eine kleine Nickeligkeit schadet nicht! Ein Bein wie zufällig stehenlassen oder so. Dann könnte es schon zwei zu null stehen. Wenn ihr es so weit schafft, habt ihr gewonnen.«

Sosovele war richtig in Fahrt gekommen und ich fand seine Vorschläge genial. Gleich darauf kam jedoch die kalte Dusche für mich.

»Aber ehe deine Mannschaft diese Taktik auch nur begriffen hat, steht es schon zwei zu null für die anderen. Tut mir leid! Was euch fehlt, ist die Disziplin. Die braucht man für jedes gute Spiel. Ihr seid nur eine verwahrloste Bande, die nicht mal einen richtigen Trainer hat.«

Das brachte mich nun auf die Palme, das ließ ich mir von ihm nicht bieten. »Mister Sosovele, eigentlich wollen Sie uns ja trainieren … Oder erinnere ich mich da falsch?«

Das hörte sich richtig bissig an und ich hatte ihn an einer empfindlichen Stelle getroffen.

»Stimmt, mein Junge! Aber ich hatte in den letzten zwei Jahren einfach keine Zeit. Was meinst du, was man alles tun muss, wenn man ein bisschen Geld hat? Jede Woche verhandele ich mit den Banken, prüfe Angebote für neue Investitionen und Firmenkäufe, kaufe Grundstücke, verkaufe sie wieder. Dann diese verdammten Aktien, sie fallen oder steigen. Da muss man gut drin sein, verstehst du das!? Dann die Rechtsanwälte, die Steuerfahndung, Rechnungen und nochmals Rechnungen. Den halben Tag sitze ich am Telefon und quatsche mich heiser ... Glaub ja nicht, es wäre so einfach, wohlhabend zu sein.«

Beinahe hätte ich ihn bedauert. Aber böse konnte ich ihm auch nicht sein. Er hatte uns schließlich die beiden einzigen Lederbälle geschenkt, die jemals in Bagamoyo gesehen worden waren. Wir spielten damit nur bei besonderen Gelegenheiten. Für unser Training hatten wir uns einen Ball aus Stoffresten selbst zusammengenäht. Da wir meistens barfuß spielten, war das ganz angenehm.

»Erzählen Sie mir noch mehr über unsere Taktik. Über unsere Aufstellung.« Ich wollte sein brütendes leidendes Schweigen unbedingt unterbrechen, vermutlich dachte er über Aktienkäufe nach.

»Wo kommen die Weißen her?«, fragte er.

»Wie? Aus Deutschland, soweit ich gehört habe.«

»Deutschland ist groß! Ich meine, aus welcher Stadt?«

»Keine Ahnung. Was macht das für einen Unterschied?«

Er rief nach seiner Hausangestellten und verlangte nach einem neuen Drink für sich.

»Und eine Cola für meinen Gast Mister Nelson!« So drückte er sich tatsächlich aus. Dann ging er auf meine Frage ein. »Das ist ein gewaltiger Unterschied, mein Junge. Sieh mal: Wenn sie von Schalke kommen, habt ihr leichtes Spiel. Die brauchen ihr Publikum, sonst kommen sie nicht in Form und hängen faul herum. Ich kann mir nicht vorstellen, dass die Schalker Fans mit Flugzeugen und Bussen hier antanzen. Wenn sie dagegen aus München kommen, kriegt ihr große Probleme. Die haben die besten Trainer – und bezahlen schon die Jugendmannschaft für jeden Sieg. Das sind harte Knochen! Kommen sie aus Bochum, könnten sie eure besten Freunde werden. Die halten fest zusammen, aber auch gegen die habt ihr eine Chance. – Egal, du weißt es nicht, es bringt uns also nicht weiter. Sieh zu, dass du morgen, wenn sie ihr Trainingscamp in Bagamoyo aufschlagen, einen Spion hinschickst. Wenn du herausgefunden hast, woher sie stammen, kommst du wieder zu mir und wir besprechen die taktische Einstellung. Okay?«

Ich nickte. »Sie steigen in der *Travellers Lodge* ab. Die Chefin Helen kenne ich. Die kauft Yakobo die Tintenfische ab. Die lässt mich jederzeit ins Hotel.«

Mit Helen war ich gut befreundet. Manchmal dachte ich: Schade, dass sie schon so alt ist. Mindestens dreißig. Bei der kannst du als Elfjähriger nicht landen.

So etwas ging mir immer wieder durch den Kopf. Würdest du solche Gedanken etwa deinen Eltern erzählen? Ich nicht. Aber Mandela, meine Schwester, plapperte sogar zu Hause von ihren Privatsachen. Auch wenn sie nur in ihrem Kopf stattfanden.

»Also morgen um die gleiche Zeit, Mister Nelson! Sonst noch Fragen?«

»Im Moment nicht. Danke für alles«, sagte ich bescheiden und reichte ihm die Hand. Er begleitete mich bis an die Straße und sah mir nach.

Ich war sehr zufrieden, dass er nach seinen ersten Schimpftiraden doch noch Feuer gefangen hatte. Vielleicht konnte ich ihn morgen überreden, mit uns ein paar Trainingsstunden zu machen. Und ihn vorsichtig fragen, wie er über Amulette im Tor dachte.

Es war inzwischen ganz dunkel, die Straßenlaternen verbreiteten trübes Licht. Die Schreinerei war noch erleuchtet und ich holte mir die Messlatte.

Wenig später kroch ich auf Knien über den Platz, glücklicherweise schien der Mond. Nach jeder Abmessung hielt ich kurz inne und rechnete zusammen, dann ging es weiter, bis zum Ende. Als eine Herde Mungos an mir vorbeizischte und mich ablenkte, vergaß ich die Zahl und musste von vorn anfangen. Da habe ich ganz schön verflucht, dass ich Spielführer bin. Eine gute Stunde brachte ich damit zu, die Länge des Platzes und den Abstand der Tore zu messen. Dann bestimmte ich noch die Punkte, wo die Eckfahnen stehen sollten. Ich legte dicke Steine dorthin.

Nachdem ich alle vier Ecken markiert hatte, blickte ich im Mondlicht noch einmal nachdenklich über den Platz. Vom Rasen war nicht viel zu sehen. Das bisschen Gras war von der Sonne verbrannt, denn es hatte seit Monaten nicht mehr geregnet. Ich überlegte, wie wir es hinkriegen würden, die Linien ganz gerade zu ziehen, wie ich sie auf den Fußballplätzen im Fernsehen gesehen hatte. Ich wusste nicht, wie die Weißen so gerade Linien hinkriegten. Wenn es um gerade Linien ging, waren sie wahre Meister. Wenn aber etwas schief sein sollte, machte uns Afrikanern keiner was vor.

Ehrlich gesagt, gefielen mir krumme Linien im Allgemeinen besser. Aber auf einem Fußballfeld hatten sie nichts zu suchen.

🔟 FROMME RATSCHLÄGE VON PATER JONATHAN

Ich zog schon im Morgengrauen mit meiner Karre los. Ich wollte früh fertig sein, um vor der Schule alle aus der Mannschaft zu benachrichtigen, die noch nichts vom Länderspiel wussten. Der Tag begann gut, mir war eine ganze Herde von fünfundzwanzig Mungos in die Falle gegangen. Sie jaulten herum und versuchten, durch das Drahtgitter zu entkommen. Das sind ganz nette Tiere, mir taten sie eigentlich leid. Aber Papa brauchte Futter für seine Schlangen. Ich konnte mir Sentimentalitäten nicht leisten, schon gar nicht heute. Auch in den anderen Fallen machte ich reichlich Beute, so dass ich meine Karre nach einer Stunde nach Hause zog.

Auch Papa war mit meinem Fang zufrieden und gab mir keinen Schulterschlag und keine Kopfnuss. Ich blieb bei ihm stehen, bis er seine Zigarette ausgeraucht hatte. Dann gingen wir zum Frühstück in die Küche.

Mama und Mandela saßen schon am Tisch, Mandela wie immer fein herausgeputzt. Ihre Frisur und ihr Firlefanz würden so ein Länderspiel nicht überstehen, dachte ich, aber ich sagte nichts.

Natürlich hatte Mandela meinen Eltern schon lang und breit von dem bevorstehenden Ereignis berichtet. Mama wollte noch mehr wissen. Ich erzählte, um überhaupt etwas zu sagen, ein bisschen von meinem Gespräch mit Sosovele. Sonst war ich schweigsam, weil mir so viel durch den Kopf ging, was noch erledigt werden musste. Da stellte Mama eine Frage, die mich völlig überraschte, und zwar auf mehrfache Weise.

»Wissen denn die Weißen, dass bei euch Mädchen in der Mannschaft sind?«

Ich hatte ja keine Ahnung, dass sie jemals ein Fußballspiel gesehen hatte und über solche Dinge nachdachte. Da Mandela, Hanan und Hanifa schon lange Stammspielerinnen bei uns waren, gab es darüber schon lange keine Diskussionen mehr. Aber meine Mutter hatte Recht. Das musste ich mit den Gegnern klären. Undenkbar, dass Mandela und die beiden anderen nicht spielten. Wir brauchten sie dringend in der Verteidigung. Außerdem würden die drei, wenn sie nicht auflaufen durften, ganz Bagamoyo in die Luft jagen.

Ich beruhigte meine Mutter, die Sache sei schon geklärt. Aber in Gedanken war ich ganz woanders. Sollte ich ausnahmsweise die Schule schwänzen und sofort zur *Travellers Lodge* laufen, um mit den Deutschen zu reden? Vielleicht waren sie noch gar nicht angekommen … Außerdem war unsere Lehrerin Sultana Shaibu zwar blind, doch sehr streng. Erst in der vorigen Woche hatten drei Schüler während des Unterrichtes auf leisen Sohlen die Klasse verlassen. Das war aufgeflogen, weil sie einen von ihnen aufrief. Als er sich nicht meldete, roch sie den Braten. Sämtliche Schüler mussten aufstehen und ihre Namen laut und deutlich sagen. Mama Sultana hatte erstaunlicherweise alle Stimmen im Kopf. Als ein Schüler, um seinen Freund zu retten, mit verstellter Stimme dessen Namen sagte, merkte sie das sofort – und dann ging der Tanz los: Der Freund und die drei Ausreißer bekamen am nächsten Tag je drei heftige Schläge mit dem Stock auf die Hände, auf dem Schulhof mit reichlich Publikum. Das war demütigend und schmerzhaft.

So beschloss ich, den Unterricht von Mama Sultana nicht zu versäumen. Stockschläge auf die Hand waren das Letzte, was ich im Augenblick brauchen konnte. Und eigentlich war Sultana eine tolle Lehrerin, alle hatten sie gern.

Sofort nach Schulschluss wollte ich in die *Travellers Lodge* gehen und mit Helen reden. Die hatte ein großes Herz und mochte mich. Vielleicht konnte sie herausfinden, welcher Typ dieser weiße Trainer war, und ihn vorsichtig an das Thema »Mädchen in der Mannschaft« heranführen. Sie konnte ihn auch fragen, woher die Spieler kamen. So ganz nebenbei, diplomatisch. Dann käme es nicht so unvermittelt.

Vor lauter Nachdenken hätte ich fast vergessen, mich von meinen Eltern zu verabschieden. Das ließ Papa mir nicht durchgehen, seinen freundlichen Schlag auf die Schulter spürte ich noch am Ende der letzten Schulstunde.

Wie sagte unser Pastor immer? »Auch Leiden sind lebendige Lebenserfahrungen.« Darauf konnte ich gern verzichten.

Auf dem Weg von der Schule zur *Travellers Lodge* traf ich auf der gerade neu asphaltierten Straße Pater Jonathan. Dieser Priester lebt schon seit Urzeiten in Bagamoyo. Man kann sich die Missionsstation oder das Straßenbild ohne ihn gar nicht vorstellen. Immer taucht er irgendwo auf, jeder kennt ihn und alle mögen ihn. »*Jambo*, Pater! *Jambo*, Pater! Wie geht es uns denn heute, Pater Jonathan?«, tönte es von allen Seiten, wenn er vorüberging und die Frauen mit ihren Kindern auf den Treppen vor ihrer Haustür saßen und Gemüse putzten. Ob Christ oder Muslim, jeder grüßte ihn ehrerbietig, auch wenn er manchmal etwas angetrunken war. Das nahm ihm keiner übel.

Es gab überhaupt eine Menge Europäer, die an unserem Ort einen Narren gefressen hatten. In Deutschland hatte sich sogar ein »Freundeskreis Bagamoyo« gebildet. Der ließ ganze Schulen und Krankenhäuser auf seine Kosten renovieren. Aber für neue Fußbälle oder unser Clubheim hatten die offenbar kein Geld, diese Ignoranten! Du merkst, dass ich in dem Punkt auch unsere Interessen im Blick habe.

Ich grüßte Pater Jonathan ganz freundlich, obwohl ich lutherisch bin. Da machte ich keine Unterschiede. Wie sollte ich auch? Meine Mutter ist Muslimin, mein Vater Lutheraner. Mandela hat die Religion ihrer Mutter gekriegt, ich die von Papa. So sind alle zufrieden und es hat darüber nie Krach gegeben.

»*Jambo*, Pater Jonathan!«

»Gott mit dir, mein Sohn aus dem Sukumaland! Ist die Schule schon zu Ende?«, antwortete er. Pater Jonathan wusste genau, woher die Familien hier stammten. Er kannte jeden in Bagamoyo und hatte mit Pater John Henschel und unserem Lehrer Kamata viel über die Sklavenzeit geforscht. Und über das, was sonst noch früher passiert ist. Der Pater hatte Spaß daran, uns Kinder über unsere Herkunft aufzuklären. Er konnte nicht genug kriegen von den alten Geschichten, obwohl die Abstammungen meiner Meinung nach heute keine große Rolle mehr spielten. Wir plauderten noch über dies und das, bis mir einfiel, dass der Pater ursprünglich ja aus Deutschland kam.

»Sagen Sie, Pater, spielen in deutschen Fußballmannschaften auch Jungen und Mädchen zusammen?«

Er blieb stehen, kraulte seinen grauen Bart und sah mich an.

»Fußball wurde im neunzehnten Jahrhundert in England erfunden …«, begann er und ich fürchtete schon, er würde mir nun einen Vortrag über die Geschichte des Fußballs halten. Bei ihm musste man mit allem rechnen. Aber er besann sich gerade noch.

»Ich bin nicht sicher, ich glaube eher, dass in Deutschland und Europa Mädchen eigene Mannschaften haben. Das habe ich kürzlich in einer Zeitung gelesen. Ich wollte nachsehen, auf welchem Platz mein Heimatverein in der Tabelle steht … Die Nachrichten waren allerdings schon ein paar Wochen alt.«

»Da wird sich nicht viel verändert haben«, sagte ich und gab meine Hoffnung auf, dass sich mein Problem erledigt hätte. »Interessieren Sie sich denn für Fußball, Pater?«, fragte ich.

Plötzlich wurde er ganz eifrig. »Früher habe ich sogar selbst gespielt, ob du es glaubst oder nicht! Ich war Rechtsaußen, auch noch im Priesterseminar …«

»War das denn erlaubt als Priesterlehrling?«, fragte ich.

Weil er so sehr lachen musste, begann sein Bart zu hüpfen. »Der Bischof wollte es verbieten. Aber unser Professor war begeistert vom Fußball. Er hat für den Bischof ein theologisches Gutachten geschrieben, in dem er das Spiel Fußball christlich zu begründen versuchte. Er behauptete, dass die zwölf Jünger Jesu ohne den

Verräter Judas die ehrlichen elf Spieler wären. Judas müsse immer den Schiedsrichter machen, auf den alle sauer wären. Er gehöre zur ewigen Strafe zu keiner Mannschaft, könne nie gewinnen und nie verlieren. Ein wirklich trauriges Dasein!«

Der Pater lachte noch immer in seinen grauen Bart hinein, aber ich hatte den Witz beim besten Willen nicht verstanden. Pater Jonathan redete manchmal Sachen, denen niemand richtig folgen konnte.

Wir plapperten weiter und gingen zusammen in Richtung Stadt. Als er mit der Geschichte seiner Fußballkarriere und den Jüngern Jesu zu Ende war, erzählte ich ihm von unserem Länderspiel.

»Das wird schwierig für euch«, sagte er bedauernd. »Die Deutschen spielen disziplinierter.«

Das hatte ich schon von Hussein Sosovele gehört.

»Haben Sie ein paar Tipps für die Taktik?«, fragte ich. Man wusste ja nie, was so ein Priester draufhatte.

»Beruflich gesehen glaube ich, dass am besten ein gutes Gebet hilft. Natürlich bete ich für euren Sieg. Ist doch selbstverständlich! Und ihr spielt so, wie ihr es für richtig haltet. Auch mit Mädchen in eurer Mannschaft. Wenn es anderen nicht passt, ist das ihr Problem. Ihr werdet das schon richtig machen. Taktik lernt ihr in so kurzer Zeit sowieso nicht mehr, dafür habt ihr andere Vorteile.« Nachdenkliche Pause, dann ein breites Grinsen. »Afrikaner gegen Deutsche – Schwarzwurzeln gegen Mehlwürmer! Krähen gegen Möwen!« Er lachte wieder ausgiebig, für ihn war das lustig und er fand nichts Rassistisches dabei. »Wenn ich Zeit habe und mir keine unerwartete Beerdigung den Tag kaputt macht, komme ich und sehe mir das Spiel an. Wann ist der Anpfiff?«

Ich dachte darüber nach, was er mit »unerwartete Beerdigung« gemeint haben könnte. Gab es auch andere?

»Übermorgen. Irgendwann am Nachmittag vermutlich«, sagte ich. »Ich schicke Ihnen eine Nachricht in die Missionsstation. Oder Sie lesen es morgen in der Zeitung.«

Bevor wir uns trennten, weil ich zur *Travellers Lodge* abbiegen musste, fragte ich ihn noch aus Höflichkeit: »Wie heißt Ihre Mannschaft denn?«

»Hansa Rostock«, sagte er und grinste mich mit leuchtenden Augen an.

Ich murmelte den seltsamen Namen vor mich hin. Unsere Ortsnamen wie Kikoka oder Sumbawanga kann man sich leichter merken.

Ich notierte mir:

Pater Jonathan über Anpfiff informieren.

Die Liste der unerledigten Dinge wuchs stetig und mir schwirrte der Kopf, wenn ich daran dachte. Ich war zu einer Art Manager geworden, wie ihn jeder wichtige Verein hat.

11 UNSERE GEGNER SIND EINGETROFFEN

Der Reisebus auf dem Hof des Hotels fiel mir sofort ins Auge. An die hintere Scheibe war ein Spruchband auf Englisch geklebt: »Fußball verbindet uns!« Von den Deutschen sah ich nichts. Meine Freundin Helen, die eine Weiße ist und aus Südafrika kommt, stand an der Rezeption, wo sie mit dem Koch offensichtlich den Küchenplan besprach. Ich wartete in einem der Sessel in der Empfangshalle, bis sie fertig waren.

»Helen, du kannst mir vielleicht helfen«, begann ich. Sie strich mir mit der Hand über den Kopf, setzte sich zu mir und winkte dem Kellner. Der brachte mir ein kaltes Fruchtgetränk. Immer wenn ich auftauchte, war Helen um mein Wohl besorgt. Ich gebe ehrlich zu, dass mir das gefiel.

»Was liegt an, großer Meister Nelson?«, fragte sie.

»Es geht um diese Deutschen. Wir spielen übermorgen gegen sie. Hast du sie schon gesehen? Wie sind sie so?«

»Ganz nette Jungs. Jetzt tummeln sie sich gerade im Meer. In einer Stunde essen sie, dann kannst du mit ihnen reden.«

»Besser später. Ich habe eine Menge Arbeit am Hals und kann

erst gegen sechs wiederkommen. Aber du könntest mir einen Gefallen tun … Die haben doch sicher einen Trainer, oder?«

»Das ist einer mit rotem T-Shirt, roten Haaren, rotem Bart und roter Nase.«

»Kannst du ihm vorsichtig beibringen, dass in unserer Mannschaft drei Mädchen mitspielen?«

»Bei euch sind doch nicht etwa Mädchen in der Mannschaft …?« Sie sagte es so gedehnt, als sei diese Tatsache ein ziemlicher Skandal. Ich nickte.

»Und das wissen die noch nicht?«

Das war ja wohl klar. »Rede doch mal mit ihm. Ganz vorsichtig, ja? Wenn sie damit nicht einverstanden sind, platzt das ganze Spiel.«

Endlich hatte sie das Problem begriffen. Sie versprach, ihr Bestes zu tun.

»Es ist nicht verboten«, versicherte ich ihr. »In keiner Fußballregel steht das Gegenteil. Also kann man es machen. Das ist auch die Meinung unseres Sportministers! Das haben wir alles geklärt.«

»Es steht auch nicht in den Fußballregeln, dass man während des Spiels pinkeln oder Bananen essen darf«, sagte sie und zwinkerte mir zu. »Bei euch habe ich das aber gesehen. Frag doch mal, wie der Minister darüber denkt …«

»Kommt nicht wieder vor«, sagte ich grinsend. »Da kannst du dich drauf verlassen. Wir werden Bagamoyo nicht blamieren.«

»Das will ich hoffen! Ich spreche nachher mit dem Trainer und sage ihm, dass du gegen sechs Uhr hier auftauchst. In welcher Funktion kommst du eigentlich, Nelson?«

»Ich bin der Spielführer«, sagte ich leichthin und möglichst bescheiden. Ich faltete meinen Zettel zusammen und steckte ihn weg. Ein bisschen mehr Bewunderung könnte sie schon zeigen, dachte ich und blickte auf die Uhr über der Rezeption. »Weißt du eigentlich, aus welcher Stadt diese Leute kommen?«

»Aus dem Ruhrgebiet. Da gibt es jede Menge Fabriken«, sagte sie. »Und eine Großstadt aus vielen Städten. Größer als Bagamoyo jedenfalls.«

Von einer Stadt aus vielen Städten hatte ich noch nie gehört. Und das Wort »Ruhrgebiet« klang ziemlich kompliziert.

Es war Zeit, zum Training zu gehen. Helen küsste mich zum Abschied auf beide Wangen, das hatte sie bisher noch nie getan. Vielleicht hatte sie schon lange darauf gewartet, endlich mal einen Spielführer zu küssen.

12 DER BESTE PLATZ IN OSTAFRIKA

Unsere drei Spielerinnen hatten einen Berg alter Fischernetze herbeigeschafft und waren dabei, sie mit Tauen und Nägeln an den Torlatten zu befestigen. Ich sah sofort, dass Mandela wieder einmal die Chefin spielte, aber sie machte es gut. Sie hockte wie ein Äffchen oben auf der Querlatte, hatte Nägel zwischen den Lippen und klopfte mit einem Hammer die Netze fest. Es sah noch ziemlich chaotisch aus, aber die drei schienen alles im Griff zu haben. Sie schauten nicht einmal hoch, als ich auftauchte.

Hinter dem gegenüberliegenden Tor stand eine Karre mit weißem Sand. Yakobo lag genau dort auf dem Boden, wo ich einen Stein für die Eckfahne hingelegt hatte. Am anderen Ende des Platzes stand Omari, unser Linksaußen.

»Es muss eine gerade Linie werden«, schrie er, »wo kriegen wir einen langen Strick her? Den spannen wir von einem Ende zum anderen. Als Richtschnur.«

»Wir haben keinen Strick«, antwortete Yakobo ebenso laut. »Du bleibst einfach da stehen und wir sagen Mirambo, wo er mit dem Sand laufen soll. Wird schon gehen!«

Wortlos zog Mirambo mit der Karre los. Jetzt sah ich, dass er eine grüne Plastikgießkanne mitgebracht hatte, ohne die Brause, die das Wasser verteilt. Er füllte sie immer wieder mit Sand und ließ ihn gleichmäßig durch den Gießkannenhals fließen. Mirambo ging ganz langsam, den Blick auf Omari gerichtet. Als würde er an einer unsichtbaren Schnur gezogen. Die weiße Linie aus Sand wurde länger und länger – und schnurgerade! Mir ging durch den Kopf, dass Mirambo ja nicht gerade ein schnelles Mundwerk hatte, sonst aber gar nicht so übel drauf war. Als eine Seitenlinie fertig war, legte sich Omari noch einmal auf den Boden und begutachtete sie.

»Gerader kriegen die in Europa eine Linie auch nicht hin«, sagte er zufrieden. Dann machten sie sich an die erste Torlinie. Yakobo stellte sich zu mir.

»Wir müssen den Platz bis zum Spiel absperren, Nelson! Wenn hier die Kuhherde drüberlatscht, ist alles hinüber.«

»Ich kenne den Bauern«, sagte ich und machte mir eine Notiz. Das hatte Vorrang. »Und diese Plage von Kleinkindern muss bis dahin woanders spielen. Ab sofort gilt hier ›Betreten verboten‹!«

Yakobo betrachtete mich ungläubig. »Willst du Schilder aufstellen? Das kratzt die doch nicht!«, gab er zu bedenken.

»Willst du etwa Tag und Nacht hier Wache schieben, um sie zu vertreiben?«

»Uns bleibt wahrscheinlich nichts anderes übrig«, sagte Yakobo müde. Er schwitzte gewaltig, die Sonne brannte vom Himmel. Ob das den Weißen etwas ausmachen würde?, fragte ich mich. Sie würden nach dem Spiel in der Sonne aussehen wie rosa Ferkel auf dem Grill. Aber das war nicht unser Problem.

Yakobo und ich gingen ein paar Schritte quer über den Platz. Eines der Tore war gerade fertig geworden. Es sah fabelhaft aus. Die drei Mädchen packten Hammer und Nägel zusammen und marschierten auf die gegenüberliegende Seite. Sie alberten herum wie fast immer.

Da sahen wir Nkwabi mit Tänzelschritten auf uns zukommen. Er hatte wohl heute endlich Zeit für uns. Unser Trainer betrachtete das schon mit Netzen bespannte Tor und nickte anerkennend.

»Gute Arbeit! Wenn ihr mit allem fertig seid, kommt in mein Büro. Ich habe eine Überraschung für euch.«

Ich war erleichtert, dass er da war, denn ich hatte vergessen, Sosovele zu fragen, wie groß Straf- und Torraum und der Mittelkreis sein müssen. Außerdem wusste ich nicht, wo wir den Elfmeterpunkt anbringen sollten. Nkwabi erklärte uns alles und schlenderte dann zum Kulturzentrum zurück.

Ich dachte eine Weile über all die Zahlen und Maße nach, die der Trainer uns genannt hatte. Obwohl wir den genialen Mirambo mit seinen genauen Schritten hatten, war ich froh, dass ich die Messlatte von Schreiner Haji Omari Bashir noch bei mir hatte.

Als die drei Mädchen mit beiden Netzen fertig waren, zogen sie den Kreis in der Mitte und den Halbkreis vor dem Strafraum. Das machten sie sehr geschickt. Hanifa stellte sich mit einer Kordel an den Mittelpunkt, die anderen gingen mit einem Stöckchen, das an der Kordel befestigt war, um sie herum und markierten den Kreis auf dem trockenen Erdboden. Schon trabte Mirambo mit seiner Gießkanne an und zog die Linien. Einen solchen Fußballplatz hatte Bagamoyo noch nicht gesehen! Wir ließen bis auf weiteres

67

unseren Rechtsaußen Kassim Hojo als Wächter zurück. Er war ungefähr genauso groß wie breit, athletisch gebaut wie ein Baobab-Baum und würde jeden in die Flucht schlagen, der es wagte, den Platz zu betreten. Ich versprach ihm, später wieder vorbeizuschauen.

Dann trottete ich mit dem Rest der Mannschaft durchgeschwitzt zum Kulturzentrum. Wir warfen kurz einen Blick auf die frei stehende Bühne unter den riesigen Bäumen. Ein Dutzend Zuschauer hockten auf Plastikstühlen, eine Gruppe junger Leute bewegte sich im Rhythmus der Musik. Ein Tanzlehrer fuchtelte schreiend mit den Armen herum. Männer in Anzügen und mit Akten unter dem Arm gingen eilig von einem Gebäude zum anderen. Beim Theaterneubau wurde heftig am Dach herumgehämmert, als würde er in einer Stunde eröffnet.

Im flachen Verwaltungsgebäude hatte Nkwabi sein Büro. Er fingerte gerade an einem Fernsehgerät herum. Was hatte der Mann mit »Überraschung« gemeint? Bald flimmerten Fußballszenen über den Bildschirm. Nkwabi drehte noch ein bisschen an den Knöpfen, bis die Bilder deutlich und scharf waren.

»Letzte Fußballweltmeisterschaft. Argentinien gegen Deutschland. Viertelfinale«, murmelte er. »Guckt euch den Film hier an, auf der DVD sind drei wichtige Spiele drauf. Prägt euch alle Tricks ein und die Taktik. Und übermorgen spielt ihr genau so wie die Gewinnermannschaften. Dann kann euch nichts passieren.« Damit verschwand er. Unser fabelhafter Trainer hatte eine merkwürdige Vorstellung von Spielvorbereitung.

Von den englischen Fernsehkommentaren verstanden wir wenig, aber das Spiel war trotzdem spannend. Ein Elfmeterschießen hatten wir, ehrlich gesagt, bisher noch nicht gesehen. Als der deutsche Torwart den zweiten Elfmeter der Argentinier hielt, murmelte Yakobo nur: »Wäre für mich 'ne Kleinigkeit gewesen!«

Ich hoffte, dass es nicht so weit kommen würde. Die Weißen waren erfahrene Spieler. Das Länderspiel durften wir nicht auf die leichte Schulter nehmen.

13 VERHANDLUNGEN MIT »PSYCHOLOGIE«

Die beiden anderen Spiele konnte ich mir nicht mehr ansehen, denn es war bald sechs und ich musste zur *Travellers Lodge*, um mit den Gegnern zu sprechen. Ich bat Mirambo, mich zu begleiten.

»Bevor wir das Hotel betreten, ziehst du dein T-Shirt aus, hörst du?«

Er verstand sofort und grinste. Seine riesige Gestalt und sein muskelbepackter Oberkörper würden den Deutschen bestimmt Respekt einflößen. Sosovele hatte von Psychologie gesprochen. Ob wohl solche Tricks damit gemeint waren?

Als Mirambo und ich gerade das Büro verlassen wollten, erhob sich auch Mandela.

»Ich komme mit!«, entschied sie. Was sollte ich dagegen sagen? Sie konnte uns von Nutzen sein. Mit ihrem Aussehen und ihrem sicheren Auftreten würde sie vielleicht diesen oder jenen gegnerischen Spieler verwirren.

Helen brachte uns zu den Deutschen, die im Hotelgarten im Schatten saßen und vor Hitze heftig nach Luft schnappten. Dann verhandelten wir wie Profis.

Mirambo saß während des Gesprächs schweigend schräg hinter mir. Immer wenn ich mich umdrehte, funkelte er mit den Augen, ließ seine riesigen weißen Zähne sehen und blickte grimmig in die Runde. Mandela hockte neben mir im Gras, mit ihrem zauberhaften Lächeln. Sie sagte erst einmal nicht viel, sondern verfolgte mein Gespräch mit dem Trainer. Die meisten der deutschen Spieler schienen kein Englisch zu verstehen. Sie saßen locker um uns herum, es waren fünfzehn oder sechzehn. Mit dem Trainer, Mister Willi Afenwedde, konnte ich mich gut verständigen. Weil ich Probleme hatte, seinen Namen auszusprechen, sagte er:

»Nenn mich einfach Willi! Wer ist euer Trainer?«

»Wir haben zwei: Nkwabi und Hussein Sosovele«, behauptete ich und dachte, dass er vielleicht von Hussein Sosovele schon einmal gehört haben könnte.

Willis rotes Gesicht wurde noch roter. »Was? Sosovele trainiert euch? Dann müssen wir uns ja warm anziehen!«

Was er damit meinte, konnte ich nicht erraten. Bei uns zog sich niemand warm an, das fehlte noch bei der Hitze! Ich zog das Blatt aus der Hosentasche, das ich aus meinem Englischheft gerissen hatte. Darauf hatte ich alle unsere Spieler und Ersatzspieler notiert. Im Gegenzug reichte er mir eine Liste mit Namen. Wir überflogen die Aufstellungen.

Ich hatte auch Said notiert, obwohl noch nicht geklärt war, wie wir Ersatz beim Fischeputzen finden würden. Aber das war ein Problem, das unsere Gegner nichts anging.

»Bei uns spielen drei Mädchen in der Verteidigung«, sagte ich möglichst locker und zeigte auf die drei Namen.

Willi verzog keine Miene, so als sei das selbstverständlich. Vermutlich hatte Helen ihn schon informiert. Einige der von mir aufgeführten Ersatzspieler wussten noch gar nichts vom Länderspiel, aber darüber schwieg ich erst einmal. Nicht jeder hatte Telefon wie wir im Schlangenzoo, nicht jeder hatte einen Zoodirektor als Vater.

»Dass Mädchen mitmachen, ist bei uns üblich«, warf Mandela ein und blickte sich herausfordernd um.

»Aber klar!«, sagte Willi und schaute wieder auf seine Liste. »Wie wollen wir spielen – bei Unentschieden Verlängerung, dann Elfmeterschießen?«

»Dazu wird es wohl nicht kommen.« Ich lachte so siegessicher wie möglich. »Aber das geht in Ordnung. Der Platz ist ab morgen bespielbar. Wenn ihr noch trainieren wollt …«

Er schüttelte den Kopf. »Hier auf der Hotelwiese können wir trainieren, ohne dass wir Spione zu befürchten haben. Das Hotel ist gut bewacht.« Er zeigte mit einer Hand auf einen der schwarzen Wächter, der an der Dornenhecke unter den Palmen stand und ein Gewehr in der Hand trug. »Seid ihr damit einverstanden, dass bei uns nur Jungens aufgestellt sind? Wir haben keine Mädchen in der Mannschaft.«

»Kein Problem«, sagte ich lässig, als wäre es ein echtes Entgegenkommen unsererseits. »Ich habe noch eine Frage: Könnten wir verabreden, dass alle in Turnschuhen spielen? Unser Platz ist dafür besser geeignet.« Ich wollte ihm nicht unbedingt auf die Nase binden, dass niemand von uns richtige Fußballschuhe besaß.

»Geht in Ordnung. Wenn ihr das so gewohnt seid … Und wer macht den Schiedsrichter?«

»Kannst du das nicht übernehmen, Willi? Wir haben volles Vertrauen in deine Unparteilichkeit.«

Er bemerkte meine Verlegenheit offensichtlich nicht. Ich hatte ihn vorgeschlagen, weil man in ganz Bagamoyo keinen Menschen auftreiben könnte, der alle Fußballregeln beherrschte – außer Hussein Sosovele. Dabei hörte es sich wie ein weiteres Entgegenkommen an.

»Mach ich doch gern«, antwortete er. »Sollen wir Bälle mitbringen?«

Ich nickte gönnerhaft. So konnten wir die beiden schon ziemlich ramponierten Bälle von Sosovele schonen.

»Und die Linienrichter?« Er sah mich fragend an.

»Alles schon geregelt. Das machen Sosovele und Nkwabi, unsere Trainer.«

Ich hatte das spontan beschlossen, obwohl ich mit ihnen noch gar nicht darüber gesprochen hatte.

»Fabelhaft«, befand Willi.

Jetzt kam eine Runde eisgekühlter Mangosaft für alle. Helen brachte ihn höchstpersönlich und legte beim Austeilen eine Hand auf meine Schulter. Das gefiel mir und ich glaubte, neidische Blicke der deutschen Spieler zu bemerken.

Willi stellte uns sein Team vor. Die meisten waren blond und weiß, zwei nicht so ganz. Sie hatten dunklere Haare, einer von ihnen ganz lange, der andere war fast kahl geschoren. Ein Spieler war so schwarz wie unsereins. Er schien ein wichtiger Mann bei ihnen zu sein. Seine Hautfarbe brachte mich in neue Verlegenheit. Der schwarze Deutsche, der Otto hieß, musterte unseren Freund Mirambo eingehend und mit bewunderndem Blick. Willi sah unseren Spitzenspieler ebenfalls an.

»Wie alt ist dieser Sportsfreund?«, fragte er lächelnd und alle drehten sich zu Mirambo um.

»Zwölf«, antwortete ich, weil Mirambo kein Englisch verstand.

»Soll er seinen Ausweis mitbringen? Er ist Wakerewe. So heißen die Leute von der Ukerewe-Insel. Die sind alle so groß.«

»Nicht nötig. Bei uns sind die Friesen und Westfalen auch größer als alle anderen«, beruhigte mich Willi und sagte etwas in deutscher Sprache zu seinen Spielern, die sofort in Gelächter ausbrachen. Von Friesen und Westfalen hatte ich noch nichts gehört.

Mirambo sonnte sich in der geballten Aufmerksamkeit, blickte aber besonders finster in die Runde. Er schien etwas von Psychologie zu verstehen. Das Problem, das sich mir jetzt als Verhandlungsführer stellte, hatte er noch nicht erkannt. Ich wollte verheimlichen, dass wir keine einheitlichen Trikots besaßen, und deshalb vorschlagen, dass ja die Hautfarbe für den Schiedsrichter ausreichte, um die Mannschaften sofort auseinanderzuhalten. Dieser Plan war durch den schwarzen Otto geplatzt. Willi schien den Grund meiner Besorgnis erraten zu haben.

»Wir haben eine Menge Trikots in verschiedenen Farben dabei. Die wollten wir sowieso hierlassen. Wir spielen in den Deutschlandfarben Schwarz und Weiß, weil es ja ein Länderspiel ist. Wenn ihr wollt, könnt ihr euch Trikots aussuchen, vielleicht in Grün-Blau-Schwarz-Gelb?«

Er sagte das, ohne mit der Wimper zu zucken. Diesen Willi durfte man nicht unterschätzen, ein heller Kopf und vermutlich ein super Trainer. Dabei hatte er mich von einem Problem befreit.

Aber das war noch nicht das Ende unseres Gesprächs. Willi sah in die Runde und dann zu mir: »Euer Vorsitzender, Mister Maeda Haji, war heute Nachmittag hier. Er möchte, dass ich nach dem Spiel mit allen ein Gebet spreche.«

Das kam für mich völlig unerwartet. Ich wusste nicht einmal, dass Mister Maeda schon von dem geplanten Spiel erfahren hatte. Gegen das Gebet am Ende eines Spiels hatte ich nichts einzuwenden. Aber Europäer kennen das nicht so wie wir. Die bekreuzigten sich schon mal, wenn sie auf den Platz liefen oder ein Tor geschossen hatten, doch das war auch schon alles. Ich wartete ab, wie er die Sache sah.

»Manches hier ist für uns neu, Nelson«, sagte er. »Das mit den Mädchen in der Mannschaft zum Beispiel und das mit dem Beten nach einem Spiel eigentlich auch. Aber wir sind nicht in Afrika, um an fremden Sitten herumzukritisieren, sondern um zu lernen. Deshalb sind wir mit allem einverstanden. Ich habe Mister Maeda erklärt, dass wir verschiedenen Religionen angehören und einige keinen Glauben haben. Da hat er gelacht und gesagt: ›Das ist bei uns genauso! Keine Sorge!‹ Also auch dieser Punkt wäre geklärt. Was haben wir sonst noch zu bereden?«

»Wenn du kein Gebet kennst, kann ich dir Pater Jonathan vorbeischicken. Der schüttelt so was aus dem Ärmel«, bot ich an.

Willi grinste. »Danke! Das kriege ich schon irgendwie auf die Reihe. Wann beginnen wir? Mister Maeda hat 16 Uhr vorgeschlagen. Dann wäre es nicht mehr so heiß.«

»Und wenn es anfängt zu regnen?«

»Dann spielen wir weiter!«

»Hast du schon einmal einen Regen hier erlebt?«, rutschte es mir heraus.

»Wenn er zu stark wird, machen wir eine Pause«, sagte er leichthin, »und gehen in das Vereinslokal. Das macht doch nichts.«

Ich schwieg. Der sollte sich die vier nackten Mauern einmal ansehen! Da gab es kein Vereinslokal, wie er sich das vorstellte. Sollten wir vielleicht eine Plane über die vier zerbröckelten Mauern decken und das Gestrüpp abholzen? Man kann nicht alle Probleme auf einmal lösen. Und die Regenzeit würde erst in drei Wochen beginnen.

Mandela ließ es sich nicht nehmen, jedem Spieler beim Abschied einen Kuss auf beide Wangen zu verpassen. Die versteht auch etwas von Psychologie, dachte ich zufrieden – und war ganz stolz auf meine ältere Schwester.

Willi begleitete uns zum Bus. Er öffnete eine der Seitenklappen und förderte eine Kiste zu Tage. Sie war vollgestopft mit Hosen, Hemden und Socken. Alles frisch gewaschen und gebügelt. Tatsächlich fanden sich darunter ausreichend Trikots in unseren Landesfarben. Wir klaubten zusammen, was wir brauchten, und zogen los.

Wir hatten einiges geschafft, aber es gab noch viel zu tun.

14 Die Presse ist alarmiert

Als wir wieder in Nkwabis Büro zurückkamen, saß er an seinem Schreibtisch, ihm gegenüber ein Mann mit Mikrofon, Schreibblock und Fotoapparat. Ich vermutete richtig, dass er von der Presse war.

»Sie bringen morgen einen Artikel, damit die Bevölkerung Bescheid weiß«, erklärte uns der Trainer. Er wandte sich an den Reporter und deutete auf mich. »Der da ist Nelson, der Kapitän. Falls Sie Fragen an ihn haben …«

Ich hatte noch nie mit einem Pressemann gesprochen, verbarg meine Aufregung aber geschickt.

»Mit welcher Taktik werdet ihr spielen, Mister Nelson?« Er hielt mir das Mikrofon vors Gesicht.

»Zwei Dreierketten, in der Mitte eine Vierer. Wir wollen nach vorne spielen …«, sagte ich stotternd.

Da half mir Mandela aus der Patsche und griff sich das Mikrofon. »Klar, wir werden auf Angriff spielen, um zu gewinnen. Gemauert wird bei uns nicht. Wir spielen hart, aber fair, das werden unsere Gegner zu spüren bekommen. Unsere Stärken liegen im kreativen Aufbau des Spiels, im Druck, der aus der Mitte des Feldes kommen wird, und im gelungenen Abschluss.«

Der Pressemann schien begeistert und fingerte schon nach seinem Fotoapparat. Sicher nicht, um mich, den Kapitän, zu fotografieren.

»Welche Chancen gibst du der gegnerischen Mannschaft aus Europa, Mandela?«

»Wir sind schneller, wir sind wendiger, wir sind hervorragend aufgestellt. Wenn Sie nach den Chancen der Gegner fragen, kann ich Ihnen eine kurze, aber eindeutige Antwort geben: null!«

Der Mann machte ein paar Fotos von Mandela, nahm das Mikrofon und packte zusammen.

»Das war ein wunderbarer Abschluss. Das drucken wir nicht nur, das geht über den Sender! Zur besten Sendezeit! Ich bedanke mich. *Kwa heri!*«

Dann war er blitzschnell verschwunden. Reporter haben es, wie ich gehört habe, immer eilig.

Ich sah Mandela erschrocken an. Sie wusste sofort, was ich meinte.

»Natürlich wollen wir gewinnen. Man darf seinen Zweifel nie öffentlich machen, verstehst du? Das wird sonst gleich als Schwäche ausgelegt. Wenn wir vorher schon klein beigeben, kriegen wir kein volles Stadion!«

Als der Mann von der Presse gegangen war, saßen Mirambo, Mandela und ich noch eine Weile mit Nkwabi in seinem Büro.

»Meine Freunde, das Spiel wird ein Knaller, das wichtigste Sportereignis in der Geschichte unserer Stadt«, sagte er aufgekratzt. »Nelson, sorge dafür, dass morgen alle zum Training kommen. Sosovele wird das sicher übernehmen, ich habe leider keine Zeit. Ein Trainingstag muss genügen. Schaffen wir das?«

Mandela und ich sahen uns kurz an, dann versicherten wir ihm voller Überzeugung:

»Na klar!«

Zwischendurch dachte ich an die Kuhherde, vergaß sie aber wieder. Das sollte sich später als peinlicher Fehler erweisen. Ich stand auf, weil ich ja noch einen Besuch bei Mister Sosovele vor mir hatte. Außerdem hatte ich Kassim versprochen, später noch mal bei ihm auf dem Fußballplatz vorbeizuschauen. Vermutlich wartete er auf Wachablösung.

Da öffnete sich die Tür. Herein kam Hussein Sosovele, diesmal in einer cremefarbenen langen Hose mit Bügelfalte und einem roten Jackett, darunter war sein Oberkörper nackt. Er sah toll aus – und wusste es.

»Hört mal, Jungs! Wir können morgen diese Weißen nicht in ihrem Hotel vermodern lassen. Wir müssen ihnen etwas bieten. Eine Stadtführung oder so. Was meint ihr?« Er blickte in die Runde.

»Wir müssen trainieren!«, erwiderte ich ungeduldig.

»Ein Tag bringt sowieso nicht viel«, sagte er lakonisch. »Was ihr jetzt nicht könnt, lernt ihr morgen auch nicht mehr. Gastfreundschaft ist wichtiger. Wir sind schließlich in Afrika und die Botschafter unseres Landes.«

Ich gab mich geschlagen und Nkwabi nickte. Diese Deutschen waren schließlich zum ersten Mal in Bagamoyo und es gab hier eine Menge interessanter Bauwerke, die sie sich dringend anschauen mussten. Noch spannender war, was man nicht auf den ersten Blick sah: die Geschichte von Forschern und Sklavenhändlern, die Herkunft der Menschen aus vielen Kulturen und solche Sachen …

»Dich kennen unsere Gäste, Hussein. Machst du das mit der Führung?«, fragte Nkwabi.

»Eigentlich müsste ich die Börsenkurse prüfen. Es ist ja so viel los auf dem internationalen Finanzmarkt. Ich darf gar nicht daran denken! Aber egal, Geld ist nicht alles. Ich hole die Weißen um zehn Uhr ab und führe sie ein bisschen durch Bagamoyo. Alte Boma, Treffen mit dem Bürgermeister, dann historisches Museum in der Mission, Friedhof der deutschen Soldaten, die schönen alten Türen und so weiter. Zum Schluss ein Drink im *Livingstone Club*. Mehr muss nicht sein.«

»Willst du einen Lehrer mitnehmen oder Nelson? Der kennt sich gut aus.«

Ein bisschen stolz war ich schon, dass er mir das zutraute. Sosovele sah mich prüfend an.

»Mister Nelson ist der Richtige dafür. Wir treffen uns um zehn Uhr vor der *Travellers Lodge*?«

»Da habe ich noch Schule«, sagte ich. Er verdrehte die Augen.

»Mach dir keine Sorgen, ich kümmere mich darum. Wer ist dein Klassenlehrer?«

»Mama Sultana Shaibu.« Je länger ich darüber nachdachte, umso deutlicher spürte ich, dass ich mich diesem Auftrag nicht gewachsen fühlte. Deshalb schlug ich Sosovele vor: »Nehmen Sie doch Pater Henschel mit, oder Pater Jonathan, die kennen sich hier besser aus. Und beide sprechen Deutsch. Außerdem versteht

Pater Jonathan eine Menge von Fußball«, beendete ich meinen Vortrag.

Sosovele stimmte zu. Blieb nur noch eine Frage zu klären.

»Mister Sosovele, die Weißen kommen aus dem Ruhrgebiet. Auf was müssen wir uns da einstellen?«

»Die aus dem Ruhrgebiet sind eine besondere Sorte, die spielen immer oben mit«, sagte er. »Gegen Dortmund habe ich damals trotzdem in drei Spielen vier Tore gemacht, gegen Bochum das Siegestor. Wann war das bloß?« Er grübelte vor sich hin.

Das war zwar alles interessant, aber ich wollte mehr wissen und sah ihn fragend an.

»Wie sind sie psychologisch einzuschätzen?«

»Anfällig für Stimmungen. Abhängig von der Tagesform, aber immer für Überraschungen gut. Wie schon gesagt: Überrennt sie in der ersten halben Stunde, dann sind sie platt.«

Viel konnte ich damit nicht anfangen, ehrlich gesagt. Ich bat Nkwabi um eine Taschenlampe und verließ sein Büro. Ob Kassim noch auf dem Platz wartete?

15 KASSIM MACHT SICH SORGEN

Es war komplett dunkel draußen. Die Straßenlaternen warfen ein
schwaches Licht auf den Rand des Fußballfeldes. Kassim war nirgendwo zu sehen. Langsam ging ich bis zur Mitte. Da saß er
auf dem Boden, in sich zusammengesunken. Als ich die Taschenlampe anknipste, senkte er den Kopf. Aber ich hatte schon bemerkt, dass sein Gesicht nass von Tränen war. Ich kriegte einen
gewaltigen Schreck. Wenn jemand wie Kassim weinte, musste
etwas Schlimmes passiert sein.

»Was ist los, Bruder?« Ich hockte mich zu ihm in den Staub
und wartete geduldig. Jemanden, der schlecht drauf ist, darf man
nicht auch noch unter Druck setzen.

»Geht es um das Spiel?«, fragte ich leise.

Er schniefte und zog sich ein Taschentuch aus der Hosentasche.
Seine breiten Schultern zuckten immer noch. Ich legte die Lampe
auf den Boden, meine Augen hatten sich langsam an die Dunkel-
heit gewöhnt.

»Warum – kann Yakobo – ihn nicht – ihn nicht – mit in sein Geschäft nehmen?«, kam es ruckweise heraus. Ich überlegte, was

82

er gemeint haben könnte, aber mein Nachdenken war vergeblich.

»Wen soll er mit in sein Geschäft nehmen?«, fragte ich vorsichtig. Und wartete. Da schleuderte er mir die Antwort ins Gesicht.

»Said! Dem geht es dreckig! Er geht ja nicht mal mehr zur Schule!«

Ich schwieg. In unserer Mannschaft war keiner, den man als wohlhabend bezeichnen konnte. Die meisten hatten Mühe, sich Papier und Stifte für die Schule zu beschaffen, und schliefen zu Hause in irgendeiner Ecke. Ohne Bett. Aber Said mit seinem kranken Vater und fünf Geschwistern hatte es besonders schlimm erwischt. Ich hatte ja keine Ahnung, dass der starke Kassim sich über solche Dinge Gedanken machte.

»Und du meinst, wir sollten mit Yakobo reden?«

»Ist vielleicht 'ne blöde Idee. Aber vielleicht auch nicht.«

Ich knipste die Lampe aus. Wir brauchten kein Licht, um zu reden. Kassims Gesicht war so verzweifelt, wie ich noch kein Gesicht gesehen hatte. Wieder schüttelte ihn das unterdrückte Weinen.

Ich war ratlos und beschämt. Mir war nur wichtig gewesen, wie wir Said für das Spiel loseisen konnten. Kassim dachte weiter. Mit seinem Taschentuch fuhr er sich über sein Gesicht, nahm die Taschenlampe, knipste sie wieder an und ließ den Strahl ziemlich wirr über den Platz tanzen. Er schien weiter nachzudenken.

»Aber meinst du, es reicht für ihn aus, jeden Tag ein paar Tintenfische zu fangen?«, fragte ich ihn – und mich gleichzeitig, denn ich wusste es nicht.

»Hast du eine andere Idee, Mister Nelson? Weißt du, es macht mich fertig, wenn ich ihn da am Strand vor einer vollen Tonne

Fische sehe. Schrubb, schrubb, den ganzen Tag. Hast du dir mal sein Gesicht angesehen? Der wirkt jetzt schon wie ein Zombie. Was ist das für ein Scheißleben?«

Etwas gefiel mir daran, dass dieser Klotz von einem Jungen so viel Mitgefühl zeigte. Ich war ziemlich ratlos, meine Gedanken flitzten hin und her. Da kam mir eine Idee.

»Ich spreche mal mit meinem Papa. Vielleicht kann der jemanden brauchen, der die Besucher im Zoo herumführt oder Frösche aus den Sümpfen holt. Kommt darauf an, ob er Said genug bezahlen kann und ob genug Zeit bleibt für den Schulunterricht. Sonst wäre das keine Lösung.«

»Wie sind die Einnahmen bei euch?«, fragte Kassim, der sich beruhigt und auch die Taschenlampe wieder auf den Boden gelegt hatte. Im Strahl krochen ein paar Ameisen wie Nachtschwärmer herum und zwängten sich mühsam zwischen den trockenen Grashalmen hindurch, um voranzukommen. Die wissen auch nicht, wohin ihre Reise geht, dachte ich und das machte mich nicht gerade fröhlicher.

»Keine Ahnung. Aber er hat Mama schon das Fahrrad gekauft, das er versprochen hat. Das ist ein gutes Zeichen. Ein Fahrrad kostet 'ne Menge.«

»Eines aus China?«, fragte Kassim. Er hatte sich inzwischen aufgerichtet und sah mich hoffnungsvoll an.

»Ein gebrauchtes. Aus Frankreich. *Peugeot*. Tolles Ding.«

»Lässt sie dich auch damit fahren, Mister Nelson?«

»Habe sie noch nicht gefragt. Sie soll es erst mal für sich alleine haben.«

»Ein Fahrrad wäre nicht schlecht. Hast du eines?«

»Nein, aber wer weiß … Eines Tages.«

»Wenn ich zu Geld kommen würde, wäre ein Fahrrad das Erste.«

»Ist ja keine Kleinigkeit. Wie willst du zu Geld kommen?«, fragte ich.

Er schwieg lange und stocherte mit einem Stöckchen im Boden herum. Plötzlich hielt er inne und sagte bestimmt: »Wichtiger ist jetzt das mit Said. Kannst du morgen mit deinem Alten sprechen?«

»Mach ich!«

»Dafür bleibe ich hier auf dem Platz, solange du willst, und schiebe Wache. Okay?«

Wir standen beide auf und stießen unsere Fäuste gegeneinander. Kassim grinste.

»Schlaf gut, Mister Nelson.«

»Du auch, Mister Kassim.«

»Keine Angst vor Gespenstern?«, fragte ich.

»Die haben Angst vor mir«, lachte Kassim.

Er ging noch mit mir bis zur Laterne an der Straße und blieb da stehen. Als ich nach hundert Metern zurückblickte, stand er immer noch einsam da. Ich fühlte mich ganz merkwürdig, wenn ich an unser Gespräch zurückdachte. Ein bisschen schlechtes Gewissen hatte ich schon. Als Spielführer war ich derjenige, der sich über Said hätte Gedanken machen sollen. Oder einer der Lehrer? Aber die verdienten auch nicht viel und konnten ihn nicht unterstützen.

Es gab hier zu viele, die eigentlich Hilfe brauchten.

16 MEIN VATER WÄRE BEINAHE ZUR SCHULE GEGANGEN

Gegen halb acht morgens, früher als üblich, rumpelte ich mit meiner Karre auf den Hof und stellte sie vor Papas Schuppen ab. Er kam aus der Küche, ging um den Brunnen herum, um sich meinen Fang zu besehen. Das Rumoren unter der Wagenplane zeigte an, dass ich eine Menge mitgebracht hatte. Das war ein Glück, denn ich wollte erreichen, dass mein Vater gut gestimmt war, wenn ich ihm mit meinem schwierigen Anliegen kam.

Zufrieden steckte er sich eine Zigarette an und lugte unter die Plane.

»Fabelhaft. Endlich mehr Frösche«, sagte er und versuchte, mir auf die Schulter zu schlagen. Doch ich wich ihm gerade noch rechtzeitig aus. Ich war kein Klotz wie Kassim, für den ein Schlag von Papas schwerer Hand eine Kleinigkeit wäre.

»Papa, ich hätte da ein Problem«, sagte ich, nahm einen Besen und fegte, um Eifer zu zeigen, ein paar trockene Palmenblätter zur Seite.

»Leg los, mein Sohn Nelson!«

»Morgen ist das große Länderspiel«, begann ich. »Geht ihr auch hin, Mama und du?«

»Klar. Wir machen hier mittags den Laden dicht. Kommt sowieso keiner, wenn das Spiel läuft. Hast du die Zeitung gesehen, mit Mandelas Bild vorne drauf? Ich habe mir gleich drei davon gekauft und bewahre sie für meine Enkelkinder auf. – Du kannst auf uns zählen. Ich hoffe, dass du ein Tor schießt!?«

»Ich tu mein Bestes«, sagte ich bescheiden.

»Und was ist dein Problem, Mister Nelson? Deine neuen Turnschuhe?«

»Die können warten. Es geht um Said. Er ist unser bester Mann. Er kann immer nur spielen, wenn wir jemanden finden, der für ein paar Stunden seinen Job erledigt. Er putzt Fische am Strand.«

»Soll ich das machen?«, fragte Papa ganz ruhig. »Ich kann Fische putzen. Habe ich als Junge wochenlang gemacht.«

»Darum geht es nicht, Papa. Ich wollte dich eigentlich etwas anderes fragen. Said geht es schlecht. Er müsste eine bessere Arbeit finden und trotzdem zur Schule gehen können. Sein Vater ist krank.«

Wir schwiegen, Papa zog die Zigarettenpackung aus der Hosentasche, um noch eine zu rauchen. »Wie heißt er weiter? Nur Said?«

»Said Ṣaleh.«

»Der Sohn von Mustapha Saleh Haji? Der in der kleinen Siedlung hinter der Boma wohnt? An der Indian Road?«

»Genau der.«

»Mhm, ich kenne Mustapha. Wir wären beinahe zusammen zur Schule gegangen.«

»In welche Schule wärt ihr denn beinahe zusammen gegangen?«

»Wahrscheinlich in die Sewa-Haji-Schule, die hieß in meiner Jugend noch so. Dazu ist es jedoch nie gekommen, weil ich im Hotel angefangen habe.«

»Was hast du da gemacht?«

»Ich wollte gern Koch werden. Aber sie haben mich nicht gelassen. Also wurde ich Hausmeister, weil ich handwerklich gut war.«

»Und Koch ist dann ein anderer geworden?«, fragte ich, obwohl ich die ganze Geschichte schon hundert Mal gehört hatte. Seine Zigarette war schon fast zu Ende geraucht, deshalb musste ich ihn schnell zum eigentlichen Thema zurückführen.

»In der Küche haben sie Leonard Kapinga angelernt. Er war kleiner und schwächer als ich. Aber er hätte die besseren Referenzen, haben sie mich beschieden.«

Ich war erstaunt, wie gewählt Papa sich manchmal ausdrücken konnte. Vermutlich hat er damals im Hotel oder bei Mama eine Menge aufgeschnappt.

»Was machen wir mit Said Saleh? Hast du eine Idee?«, fragte ich ihn.

»Ich werde Mustapha besuchen.« Papa drückte seine Zigarette aus und stopfte die Kippe in eine rostige Blechdose. Die ließ er hinter den Büschen verschwinden, damit Mama sie nicht fand. Mehr sagte er nicht und ging vor mir her in die Küche. Dort begann er ein Gespräch mit Mama über seine neuen Königsvipern – und ich dachte: Said hat er schon längst vergessen.

Man kann sich in einem Vater aber auch täuschen.

12 LETZTES TRAINING MIT SOSOVELE

Am Nachmittag tauchte tatsächlich Hussein Sosovele um Punkt drei Uhr auf dem Fußballplatz auf. Er trug Sportkleidung, besah sich die Tornetze und Markierungen und nickte anerkennend. Wir standen vor der Ruine, die einmal unser Clubheim werden sollte, und warteten, was jetzt kommen würde. Alle waren da, auch die drei Ersatzspieler, die ich nach der Schule aufgetrieben hatte. Nur Said war noch nicht aufgetaucht.

»Wenn wir hier trainieren, sind die Markierungen hin«, stellte Sosovele fest.

Verflixt, daran hatte ich nicht gedacht. Wir wollten morgen beim Länderspiel einen frisch hergerichteten Platz präsentieren. Warum sonst hatte Kassim die ganze Nacht Wache geschoben? Man sah ihm übrigens nicht an, dass er hier im Freien geschlafen hatte.

»Es ist gerade Ebbe, da ist genug Platz am Strand und der Sand ist schön fest. Wir trainieren da!«, verkündete Sosovele.

Ich war erleichtert, dass er keine Probleme machte. Zum Strand waren es vielleicht hundert Meter, und am Nachmittag war dort noch wenig Betrieb. Auf dem Weg fragte ich Sosovele, weil ich als Spielführer neben ihm ging: »Wie war es bei der Besichtigung mit den Weißen?«

»Pater Henschel und Pater Jonathan haben das allein gemacht. Die beiden waren völlig begeistert, und ich konnte an mein Telefon zurück. War auch höchste Zeit, kann ich dir sagen. Du glaubst ja nicht, was in Tokio und London gerade an den Börsen los ist!«

Weil wir angekommen waren, musste ich mir nicht auch noch die Börsenberichte anhören, die mich, ehrlich gesagt, nicht interessierten.

Sosovele teilte uns in Zweiergruppen ein. Wir zogen ein paar Linien in den Sand und ich dachte: Was kommt jetzt? Sicher kein Trainingsspiel!

Sosovele begann mit der Übung »In vollem Lauf den Ball über den Gegner heben«.

»Die Europäer sind im Zweikampf technisch besser als ihr. Also vermeidet am besten, wenn eben möglich, direktes Dribbling.«

Den Ball über den Gegner heben – das war bei unseren Spielen zwar schon vorgekommen, aber eher zufällig. Mir gefiel die Übung. Sosovele zeigte uns, wie man den Ball mit dem Fuß führen muss, um ihn über den Gegenspieler zu lupfen.

Nach einer halben Stunde kam: »Den Ball am Fuß, den Blick nach vorn.«

Das war gar nicht so einfach. Sosovele gab uns Tipps, während jeweils zwei Spieler mit Bällen über den Strand rannten.

»Es muss sich anfühlen, als wäre der Ball Teil eures Fußes. Nicht an ihn denken, sondern ihn fühlen. So könnt ihr euch ungestört umgucken, an wen ihr ihn abgeben könnt.«

Nächste Übung: »Den Gegenspieler verblüffen.«

Sosovele stellte sich vor uns und erklärte, was er damit meinte. »Ihr tut genau das, was der Gegenspieler nicht erwartet. Er denkt ja mit und sieht, wo jemand von euch frei steht. Also macht ihr eine Körpertäuschung und schießt in eine andere Richtung. Schon reißt ihr das Spiel völlig auf.«

Wir übten das Täuschen eine Viertelstunde lang, mit und ohne Ball. Bis uns allen der Schweiß lief. Aber unser Trainer war noch nicht fertig, obwohl die Sonne langsam hinter den Bäumen verschwand. In weniger als einer halben Stunde würde es völlig dunkel sein.

»Ihr könnt den Gegner auch überraschen, wenn ihr mitten im Laufen einfach stehen bleibt, den Fuß auf dem Ball. Als hättet ihr keine Lust, weiterzuspielen. Das verblüfft die anderen und schafft eine kleine Pause. Ihr könnt inzwischen aus den Augenwinkeln eine Lücke ausmachen – und ganz plötzlich losstürmen! Eure Mitspieler kennen den Trick und stellen sich inzwischen in Position. Und wer die Verwirrung der Gegner nicht ausnutzt und das Tor nicht selber macht, gibt ab. Keiner spielt für sich allein!«

So ging das noch weiter, bis wir den Ball nur noch als Schatten sahen und ziemlich abgekämpft waren. Trotzdem schlug ich vor, noch ein paar Kilometer am Strand zu laufen.

»Lasst das besser! Wenn ihr einen Tag vor dem Spiel nicht genug Kondition habt, kriegt ihr das heute auch nicht mehr drauf«, sagte Sosovele. »Das leichte Training muss reichen. Und denkt daran: Das ist ein ernst zu nehmender Gegner!«

18WO STECKT UNSER BESTER SPIELER?

Der Tag des großen Spiels begann mit mehreren Überraschungen. Papa weckte mich nicht um halb sechs, sondern ließ mich schlafen. In der Schule bekamen alle Schüler – und nicht nur die Mannschaft – die letzten beiden Stunden frei. Sie sollten von Haus zu Haus gehen und die Leute zum Spiel einladen. »Anstoß um vier Uhr Nachmittag!«, hatten die Lehrer allen Klassen eingeschärft.

Da wir plötzlich mehr Zeit als vermutet hatten, versammelte sich die ganze Mannschaft vor dem Kulturzentrum. Wir hatten das nicht abgesprochen, aber jeder spürte wohl, dass es gut wäre, noch ein paar Dinge mit unserem Trainer zu bereden. Nkwabi war nicht da, wir standen dumm herum und überlegten, was wir machen könnten. Wir hatten nicht einmal einen Ball, um ein bisschen zu kicken. Willis Trikots und die Hosen für das Spiel hatte ich in einem Plastiksack bei mir. Wir beschlossen, der deutschen Mannschaft einen Besuch abzustatten. Einige unserer Spieler hatten die Gegner ja noch nie gesehen. Wir gingen den Strand entlang, um auch Said noch zu ermahnen, pünktlich zu sein. Zwei Ersatzspieler hatten sich bereit erklärt, für die zwei Stunden seine

Arbeit zu machen. Doch er war nicht da. An seinem Platz saß ein Junge von vielleicht neun Jahren.

»Wo ist Said?«, fragten wir ihn.

»Ich kenne keinen Said«, antwortete er, ohne von seiner Arbeit aufzusehen. Schrubb, schrubb. Er war nicht so schnell wie Said, aber man merkte, dass er sich Mühe gab. Neben ihm stand eine ganze Tonne voller Fische, die er noch bearbeiten musste.

»Said ist der, der hier immer die Fische putzt«, sagte ich. »Wer hat dich beauftragt, hier seine Arbeit zu machen?«

»Mister Likiliwile«, sagte er, wieder ohne aufzusehen.

»Ist das der Chef?«, fragte ich. Der Junge nickte. Schrubb, schrubb. Wieder ein Fisch fertig!

»Wo ist dieser Mister Likiliwile?«

Seine Hand mit dem Fischmesser fuhr durch die Luft und deutete quer über den Hafen. »Dahinten irgendwo.«

Ich hatte den Eindruck, dass er sofort noch schneller Fische schrubbte, um die verlorenen zwei Sekunden wieder reinzuholen. Vermutlich wollte er diesen Job unbedingt behalten. Von Said wusste ich, dass hier nicht nach Stunden, sondern nach der Menge der fertigen Fische bezahlt wurde.

Es hatte keinen Zweck, das Kerlchen länger auszufragen. Ich machte mir Sorgen, wo Said stecken könnte, aber wir trabten trotzdem erst einmal zur *Travellers Lodge*.

Es war gegen ein Uhr. Helen saß an der Rezeption und las ein Buch. Überall herrschte Stille, keine weißen Kinder waren in Sicht. Auch Willi, den Trainer, konnte ich unter den wenigen Männern, die im Restaurant saßen, nicht ausmachen.

»Wo sind sie?«, fragte ich Helen.

»Die schlafen. Mittagsruhe. Um für das große Spiel fit zu sein. Das hat Willi angeordnet und diese Weißen gehorchen aufs Wort. Das hat mir imponiert. Die sind nicht so eine wilde Horde wie ihr.«

»He! Da kennst du uns aber schlecht«, widersprach ich. »Guck dich um! Wir sind jetzt schon so gut wie vollzählig. Und hier sind die Trikots. Was erwartest du mehr?« Ich hielt ihr meinen Plastiksack vor die Nase.

Unsere Mannschaft und die beiden Ersatzspieler, die sich darauf eingerichtet hatten, für Said Fische zu putzen, machten sich in den schönen Sesseln breit. Einige legten sogar ihre Füße auf den Tisch, was Helen sofort beanstandete.

»Ihr seid hier nicht zu Hause«, fuhr sie die Spieler an. »Füße runter!«

Erschreckt setzten sie sich ordentlich hin, wie in der Schule.

»Was zu trinken wäre jetzt nicht schlecht«, sagte ich mit einem Lächeln, das ich für verführerisch hielt.

»Beantworte mir erst einmal zwei Fragen, Mister Nelson. Entweder bin ich blind oder Said ist tatsächlich nicht da. Wo steckt er? Ohne ihn könnt ihr einpacken!«

»Said kommt später«, behauptete ich. »Und was willst du sonst noch fragen?«

»Ich will wissen, ob ihr gewinnt oder nicht.«

Ich stellte mich in Positur und zeigte auf jeden einzelnen Spieler.

»Diese da«, begann ich langsam und ließ meinen Finger wandern, »das sind Gewinnertypen. Jeder für sich! Wir spielen unsere Gegner an die Wand, dass sie quietschen.«

94

Alle lachten albern herum und applaudierten, obwohl es keiner so recht glaubte.

»Okay. Das reicht. Ich verlasse mich auf dich, Mister Nelson«, erwiderte Helen. »Ich kann nur einen Sieg gebrauchen. Das macht Reklame in aller Welt für unser Hotel. Wenn ihr gewinnt, könnt ihr hier auf meine Kosten feiern, solange ihr wollt. Und wenn ihr verliert …« Sie grinste mich verschlagen an. »Wenn ihr verliert, könnt ihr auch zum Feiern kommen. Es ist schließlich das allererste Länderspiel in Bagamoyo.«

So war sie, diese Helen! Es gab schon eine Menge Gründe, sie gernzuhaben.

Sie ließ uns Cola bringen und wir quatschten und blödelten noch etwas herum, um die Zeit zu vertreiben. Mandela war wieder toll herausgeputzt und tanzte ein bisschen zur Unterhaltung.

Da stand plötzlich der schmächtige Said an der Rezeption, als sei er von Zauberhand hergeholt worden. Wir sprangen alle auf und begrüßten ihn mit Rückenschlägen und Fäuste-Zusammenstößen.

»Ich spiele«, sagte er grinsend. »Falls der Trainer mich braucht.« Sein Gesicht war zu meiner Beruhigung ganz entspannt. Er trug immer noch seine Berufskleidung, also lumpige Klamotten. Sie waren ekliger und stanken schrecklicher nach Fisch und Abfällen als je zuvor.

»Wie siehst du denn aus? Warum stinkst du so?«, fragte ich flüsternd.

»Als ich vorhin gekündigt habe, hat mich der alte Verbrecher vor Wut in eine Tonne mit Fischabfällen gestoßen.«

»Wer hat dich da reingestoßen?«

»Mein früherer Chef Likiliwile. – Kann man sich hier irgendwo duschen?«

Dass Chefs sich manchmal ekelhaft gegenüber ihren Angestellten benehmen, war mir nicht neu. Darüber hatte ich schon eine Menge Geschichten gehört. Ich fragte Helen nach einer Dusche und sie zeigte auf das Haus, wo die Wäsche für die Gäste gewaschen wurde.

»Da drin ist jetzt niemand. Da kann sich der Fischotter austoben.«

Ich gab Said ein Trikot und eine kurze Hose aus meinem Sack, ohne besonders auf die Nummer zu achten. Er hielt die Sachen in der Hand wie eine Kostbarkeit.

»Das soll ich anziehen?«, fragte er ungläubig.

Helen fuhr dazwischen. »Ihr werdet jetzt alle nacheinander duschen. Was sollen die Weißen denn von euch denken, wenn ihr wie die Erdferkel zum Spiel antretet. Nötig habt ihr es! Also los, Said! Du machst den Anfang, bei dir ist es besonders dringend.«

Said verschwand im Wäschehaus und wir hörten ihn rumoren und singen. Er schien guter Dinge zu sein.

So frisch gewaschen und im Trikot hätten wir ihn beinahe nicht wiedererkannt. Seine Klamotten und seine alten Turnschuhe waren ganz nass, offensichtlich hatte er alles gründlich gereinigt. Seine Unterhose hatte er nass wieder angezogen, das sah man sofort. Er stellte die Schuhe in die Sonne, seine Kleider breitete er auf einem Busch aus. Ich brannte darauf, ihm ein paar Fragen zu stellen.

»Ich habe einen neuen Job«, sagte er wie nebenbei und trank sein Glas Cola auf einen Zug leer. Alle guckten jetzt erwartungsvoll. Nicht nur wegen der neuen Klamotten war er plötzlich der Mittelpunkt. Alle wollten wissen, wie er sein Problem losgeworden war. Er ließ sich Zeit und wartete, bis die nächste Cola gebracht wurde. »Kann man hier auch was zu essen kriegen?« Er wollte uns auf die Folter spannen.

»Hast du Geld?«, fragte Helen grinsend.

Sie hätte auch fragen können: Gehört dir der große neue Mercedes vor der Tür?

»Egal, wir haben da noch Reste in der Küche übrig, die wärmen wir dir auf.«

So ist sie manchmal. Sie kann ziemlich ruppig sein, aber sie hat ein großzügiges Herz, was man nicht von allen Weißen sagen kann.

Ein paar Minuten später brachte sie Said einen vollen Teller mit einem halben Hähnchen, Reis und Salat, alles übergossen mit einer fettigen braunen Soße. Er mampfte los, als hätte er das Thema, auf das wir lauerten, vergessen. Es war eine Freude, ihm zuzusehen und zu hören, wie die Knochen des Hähnchens zwischen seinen Zähnen knackten. Im Nu war der Teller leer und er leckte ihn mit seiner roten Zunge ab, um auch ja kein Reiskorn zu verpassen. Dann rülpste er kräftig und lehnte sich zurück. Er war wie ausgewechselt und nicht mehr so angespannt, wie ich es am Tag zuvor bei ihm gesehen hatte. Auch Kassim hatte das gesehen und es hatte ihn fertiggemacht.

»Calvin Kitumbo hat mich eingestellt, als Assistent in seinem Unternehmen. Festes Gehalt, geregelte Arbeitszeit, abends ein freies Essen.«

Ich war so überrascht, dass ich fast eine Minute brauchte, um mich daran zu erinnern, dass mein eigener Vater ja Calvin Kitumbo heißt. Während die anderen herumjohlten und Said wie einen Helden feierten, der von einer Gespensterjagd erfolgreich zurückgekehrt war, saß ich schweigend neben ihm und stierte auf seinen abgeleckten Teller. Wie wollte Papa das bezahlen?, ging mir durch den Kopf. Gleichzeitig dachte ich: Vielleicht muss Said jetzt an meiner Stelle Frösche und Mungos jagen. Oder wir beide? Es wurden ja immer mehr Schlangen und die fraßen was weg! Das wäre toll, mit ihm gemeinsam in der Frühe loszuziehen. Aber reichten Papas Einnahmen für einen Angestellten? Da die meisten Touristen die Schlangenfarm morgens während meiner Schulzeit besuchten, hatte ich vom Geschäftsbetrieb bisher kaum etwas mitgekriegt. Und auch nie danach gefragt. Geld ist Elternsache. Andererseits war Papa nicht der Typ, der unüberlegte Abenteuer einging.

»Wann fängst du an?«, fragte ich.

Said wischte sich seine fettigen Finger an der Tischdecke ab und grinste mich an.

»Morgen früh! Frösche und solche Sachen aus den Sümpfen holen!« Er grinste noch breiter, als er fortfuhr. »Mit dir zusammen, Alter! Und dann ab in die Schule.«

Da blieben für mich noch einige Fragen offen. Es war nicht leicht, der Sohn eines Unternehmers zu sein. Davon machten sich manche ja gar keine Vorstellung.

So nach und nach kamen die deutschen Spieler mit verschlafenen Gesichtern aus ihren Zimmern. Habt ihr schon mal Weiße genau angesehen, die gerade geschlafen haben? Sie wirken ein bisschen, als hätten sie geheult. Sie gingen denn auch an den Wasserhahn auf der Wiese, um sich zu waschen, damit keiner einen falschen Eindruck von ihnen bekam.

Trainer Willi kam über den Rasen und begrüßte jeden von uns mit Handschlag. Die Namen von Mandela und Mirambo hatte er sich doch tatsächlich gemerkt.

»Toll, dass ihr uns abholt!«, sagte er.

Dann stellte er uns seine ganze Mannschaft vor. »Nur, damit ihr wisst, mit wem ihr es zu tun habt: zwei unserer Spieler, Asaf und Soner, haben türkische Eltern. Das sind die beiden dahinten mit den dunklen Haaren. Soner, der mit dem kahl geschorenen Kopf, der aussieht wie ein Sträfling, spielt im Tor. Asaf ist unser Rechtsaußen. Otto stammt aus dem Kongo, lebt aber wie unsere türkischen Freunde in Deutschland. Er ist unser Kapitän und spielt als Sturmspitze. Unser Mittelfeldspieler Nicki kommt aus Hessen und ist nur dabei, wenn er zufällig seinen Großvater besucht.«

Nicki war nicht gerade ein Riese, vermutlich aber nicht zu unterschätzen.

»Die drei da«, Willi zeigte auf ein paar Jungs rechts von ihm, »sind echte Kerle aus dem Ruhrgebiet. Paul, der Lange mit den struppigen Haaren, kommt aus Bottrop. Der blonde Boris spielt Verteidigung und René aus Dortmund im Angriff. Das ist der Drahtige dahinten! – Wen haben wir denn noch? Der da heißt Rudi, daneben Wölfchen, ebenfalls Verteidiger …«

Noch mehr Namen rauschten an mir vorbei. Ich versuchte aber, mir einige einzuprägen. Während Willi jeden bis zum letzten Mann vorstellte, betrachtete ich heimlich ihr Schuhwerk. Sie trugen tatsächlich alle Turnschuhe. Die waren ein bisschen eleganter als unsere und offensichtlich ziemlich neu. Unsere grauen Treter, von denen einige Löcher hatten, konnte man damit nicht vergleichen.

»Wir sind eine Turniermannschaft. Ich hoffe, es macht euch nichts aus, dass wir nicht alle aus einer Stadt und nicht alle geborene Deutsche sind.«

Ich fühlte mich verpflichtet, nun auch eine Erklärung abzugeben.

»Kein Problem!« Dann begann ich, die Namen unserer Spielerinnen und Spieler herunterzurasseln. »Wir haben zwar keine Weißen in der Mannschaft, aber unsere Spieler stammen fast alle aus verschiedenen Völkern: Wasaramo, Wasukuma, Wakerewe, Wagogo, Wanyamwezi und so weiter. Bei uns ist das also ähnlich wie bei euch, wir sind eine ziemlich gemischte Truppe.«

Die Spieler guckten ganz verdattert. Vermutlich hatten sie von den Wanyamwezi oder Wakerewe noch nie gehört. Aber sie waren ja hier, um was zu lernen, wie der Trainer gesagt hatte. Während meiner Ansprache trippelten die meisten schon herum und machten Lockerungsübungen.

19 DAS SPIEL KANN BEGINNEN

Wir beschlossen, gemeinsam am Strand entlang zum Platz zu gehen. Die weißen Spieler versuchten, auf dem Weg mit uns ins Gespräch zu kommen. Mit ein paar englischen Wörtern, vielen Gesten und Grimassen gelang das besser, als man vermuten möchte. Es machte allen einen Heidenspaß, hatte ich den Eindruck. Willi war außerdem noch ganz begeistert von der Stadtbesichtigung tags zuvor mit den beiden Priestern.

»An der Bar im Hotel haben wir hinterher ganz schön einen gebechert.« Er amüsierte sich köstlich, aber ich hörte nur mit halbem Ohr zu. Ich war mit meinen Gedanken beim bevorstehenden Spiel, schließlich war ich Spielführer und musste mich konzentrieren. Mir fiel nur nicht ein, was es noch groß zu überlegen gab.

Eine halbe Stunde vor dem Anpfiff verließen wir den Strand und schwenkten zum Fußballplatz ein. Was ich da sah, hatte ganz Bagamoyo noch nicht gesehen: Bis an die Mauern, die den Platz umgrenzten, standen die Zuschauer. Sosovele und Nkwabi hatten alle Hände voll zu tun, die Leute einen Meter hinter den

Seitenlinien zu halten. Sie rannten auf und ab und schrien sich die Lunge aus dem Hals.

»Zurück! Wie sollen die denn spielen, wenn ihr den Platz besetzt? Guck mal da, du hast die Seitenlinie verschmiert! Wie sieht das denn aus!« Nkwabi bückte sich und häufelte den Sand wieder zu einer geraden Linie. Dann ging er auf beide Tore zu und sah sich überall um, als suchte er seinen Schlüsselbund oder so was. Ich vermutete, dass er nach Amuletten oder anderem Zauberkram Ausschau hielt. Darauf war er nicht gut zu sprechen. Ob er etwas gefunden hatte, konnte ich nicht erkennen. Ich glaubte auch nicht, dass jemand aus unserer Mannschaft heimlich etwas in der Art versteckt hatte.

Nkwabi und Sosovele, die beiden Linienrichter, hatten elegante Sportklamotten an. Willi rief sie zur Besprechung in die Mitte, während wir mit den tollen Bällen der Weißen ein paar unterhaltsame Übungen und Torschüsse zeigten. Willi winkte mich und Otto zu sich, um uns die Kapitänsbinde über den Arm zu streifen. Als er damit fertig war, applaudierte das komplette Publikum.

Ich lief zu meiner Mannschaft zurück. Da sah ich den kleinen Sam Njuma mitten unter unseren Spielern.

»Sam, du musst jetzt verschwinden! Stell dich hinter unser Tor, da hast du eine gute Sicht.« Ich hatte es ganz freundlich gesagt, aber er reagierte störrisch.

»Ich bleibe. Ich spiele mit!«, sagte er und sah mich böse an.

»Du, Sam, das geht nicht. Du bist nicht aufgestellt, weil du noch zu jung bist. Also, sei ein guter Junge!« Ich lächelte, damit er sich getröstet fühlte. Aber es nützte nichts.

»Ich spiele mit!«, beharrte er und setzte sich auf den Boden. Was sollte ich tun? Ich musste ihn wohl ein bisschen strenger anfassen.

»Wenn du nicht verschwindest, Sam, dann binde ich dich dahinten an den Baum«, sagte ich. Das machte keinen Eindruck auf ihn, er blickte mich nur giftig an.

Inzwischen hatte Hussein Sosovele mein Sam-Njuma-Problem mitbekommen. Er nahm Sam beiseite und flüsterte mindestens drei Minuten lang mit ihm. Eine Hand hatte er auf Sams Schulter gelegt, so wie es ein guter Vater mit seinem Sohn macht. Ich hatte keine Ahnung, was die beiden flüsterten, aber Sosovele war erfolgreich. Vermutlich hatte er dem Kleinen einen Vertrag bei *Juventus Turin* versprochen.

Sam warf mir noch einen höhnischen Blick zu – und ging hinter unser Tor, wo Yakobo bereits fabelhafte Paraden zeigte. Die Menge jubelte begeistert bei jedem Hechtsprung, mit dem er den Ball aus der Luft holte.

Für das leibliche Wohl des Publikums war auch gesorgt. Ich sah mindestens vier Verkaufsstände für Süßigkeiten, Kekse, Getränke und gekochte Maiskolben mit Salz und Butter. Außerdem sah ich Mirambo, der sich hinter die Mauer des künftigen Vereinslokals schlich, um noch einmal kräftig zu pinkeln. Er hatte tatsächlich keine Zigarette im Mund.

Wir taten alle ganz lässig, waren aber unglaublich aufgeregt. Als Mirambo wiederauftauchte, ging es endlich los. Wir stellten uns der Reihe nach auf. Torwart, Spielführer, dann die anderen. Wir kannten das ja aus dem Fernsehen.

Dann gingen die weißen Spieler einer nach dem anderen an uns vorbei, um allen die Hand zu drücken. Das war ein großer

Augenblick und ich sah, dass Kassim und Said Tränen in den Augen hatten. Danach lief jeder auf seine Position.

Willi rief Otto und mich zu sich und fragte: »Kopf oder Zahl?« Ich entschied mich für »Zahl«. Er warf eine Münze in die Luft und wir starrten auf den Boden. »Kopf« lag oben. Otto wählte die Seite, wo seine Leute schon herumgekickt hatten. Er gab mir die Hand und wir versprachen, ein faires Spiel zu führen.

Wir hatten genug über Taktik, Psychologie und Zaubermittel geredet, jetzt wurde gespielt!

Ich sah mich noch einmal nach der Abwehrmauer um, Mandela zeigte ein entschlossenes grimmiges Gesicht. Hoffentlich fängt sie sich nicht sofort eine Rote Karte, dachte ich und lächelte ihr zu. Ich gab ihr ein Zeichen mit der flachen Hand, dass sie ganz ruhig bleiben sollte. Sie lächelte zurück und hob einen Daumen. Wir alle fühlten eine starke Verbundenheit und grinsten uns gegenseitig an. Am liebsten hätte ich meine Freunde noch einmal umarmt, so aufgeregt und glücklich war ich.

20 Erste Halbzeit: Staub, Schweiss und Begeisterung

Der Anpfiff. Otto spielte den Ball sofort zurück in die eigenen Reihen, sie schlenzten ihn hin und her. Sie wollten uns aus der Reserve locken, das war normal. Keiner von uns hatte eines ihrer Spiele gesehen, wir kannten weder ihre Schwächen noch Stärken. Also beobachtete jeder, so viel er konnte.

Die Gegner schienen es nicht eilig zu haben, zu einem Tor zu kommen. Said hielt sich zurück, nur Tutupa versuchte ein paarmal, ihnen mit schnellem Spurt den Ball wegzunehmen. Da gaben sie ihn gleich zum Torwart Soner zurück, der den Ball sofort mit der Hand René auf der anderen Seite zurollte. Langsam rückten sie vor und zogen sich wieder zurück, von ihrer Taktik war noch nichts zu sehen. Oder erkannte ich sie nicht? Klar, sie wollten erst einmal im Ballbesitz bleiben. Da wurde es Kassim zu bunt. Er rannte mit äußerstem Speed los und fischte den Ball Wölfchen vom Fuß, der nach vorn unterwegs war. Kassim gab sofort zu mir zurück, ich zu Said, die Flankenspieler stürmten mit nach vorn. Said würde wissen, wo unsere Chancen am aussichtsreichsten waren. Er flankte den Ball über alle Köpfe hinweg zu Guido, der ihn geschickt aufnahm und direkt vors Tor hievte. Torwart Soner fing ihn aus der Luft. Ich kam zu spät und Guido machte eine beschwichtigende Geste mit der Hand. Kann passieren, wollte er damit andeuten.

Der Torwart schoss bis zur Mitte, wo Boris den Ball annahm und sofort damit auf unser Tor zustürmte. Um Guido auszuweichen, gab er nach links zu Otto in der Mitte. Der versuchte, Mandela zu umspielen. Sie konnte ihn nur mit einer Grätsche stoppen, beide lagen im Staub. Das passierte zwanzig Meter vor dem Tor. Freistoß für die Weißen. Es hätte auch eine Gelbe Karte für Mandela geben können, aber der Schiedsrichterpfiff blieb aus.

»Sei vorsichtiger!«, flüsterte ich ihr zu, während wir uns zur Mauer aufstellten. Otto stellte sich in die Mitte, wir waren eingekesselt von den Weißen. Ich erinnere mich nicht an den Namen des Spielers, der den Freistoß ausführte. Ich sah nur sein konzentriertes Gesicht, seinen langen Anlauf. Dann kam der Schuss, über unsere Köpfe hinweg direkt aufs Tor. Yakobo konnte ihn mit den Fingerspitzen gerade noch über die Latte lenken. Da brandete zum ersten Mal Applaus auf. Ecke für die Weißen.

Mirambo war in unserer Mannschaft der größte Spieler, er stellte sich strategisch genau richtig, erwischte den Eckball mit dem Kopf, setzte sofort nach und versuchte einen Konter im Alleingang. Die Weißen schienen großen Respekt vor ihm zu haben, er kam bis an den gegnerischen Strafraum, wir liefen mit und warteten, dass er uns ins Spiel brachte. Da wurde er von Rudi fair gestoppt und verlor den Ball. Kein Freistoß.

Torwartabstoß. Ein Elfmeter wäre jetzt nicht schlecht gewesen, dachte ich. Um die Deutschen in die Defensive zu drängen.

Der Elfmeter kam dann drei Minuten später, leider gegen uns. Hanifa war den langen Paul so hart angegangen, dass er sich mit verzerrtem Gesicht auf dem Boden wälzte. Ausgerechnet knapp im Strafraum war das Foul passiert.

Yakobo war machtlos. Der Schuss von Wölfchen ging genau in den linken Winkel, streifte sogar noch den oberen Torbalken. Er war so scharf, dass sich das Netz an einer Stelle löste und im warmen Wind flatterte. Applaus und Jubel der Zuschauer waren so gewaltig, als wäre das erste Tor für uns gefallen.

So waren sie, diese Leute aus Bagamoyo! Sie hatten einfach Freude an jedem guten Spielzug.

Ich war ein bisschen enttäuscht.

»Wir bringen das gleich wieder in Ordnung«, flüsterte ich Mirambo zu, als wir an die Mittellinie zum Anstoß gingen. Er sagte nichts, nickte nur und machte ein entschlossenes Gesicht.

Die nächste halbe Stunde wogte das Spiel hin und her. Wir erkannten schnell, dass diese Jungs aus Deutschland technisch sehr gut waren. Jeder blieb bei seiner Aufgabe und deckte seinen Gegenspieler, versuchte die Kontrolle über Ball und Spiel zu behalten. Wir rannten zwar mehr als sie, liefen aber meist ins Leere. Unsere Stärken konnten wir kaum zeigen.

Das nächste Tor kassierten wir bei einer Ecke. Mirambo verfehlte mit dem Kopf den Ball, er tropfte Nicki direkt auf die Stirn und der drückte ihn an Yakobo vorbei ins Tor.

Mich wunderte, dass diese Weißen keinen großen Zauber veranstalteten, wenn sie einen Treffer gelandet hatten, und sich auch nicht bekreuzigten. Sie gratulierten dem Torschützen durch Schulterklopfen, das war alles. Sie waren offenbar siegesgewohnt und siegessicher.

Ich bemerkte, dass Mirambo nach dem zweiten Tor, das wir kassiert hatten, kochte. Er sagte kein Wort, aber ich sah seinen lauernden Blick. Er suchte seine Chance. Doch es war schwer, den Weißen den Ball vom Fuß zu nehmen. Sie waren einfach zu versiert und im Zweikampf besser. Ich blickte auf meine Armbanduhr, in der Halbzeit würden wir dringend eine Taktik-Besprechung brauchen. So ging das nicht weiter. Noch drei Minuten. Wir lagen null zu zwei zurück. Jetzt hieß es den Ball halten. Doch das erwies sich als Fehler, wie ich zu spät feststellte: Olaf spurtete an der rechten Außenlinie an uns vorbei, Doppelpass mit Asaf, bis zwischen ihm und dem Torwart nur noch Mandela stand. Er versuchte, sie zu umdribbeln, sie fuhr ihm mit einer Grätsche in die Beine – und er lag flach. Im Strafraum. Schon wieder Elfmeter gegen uns!

Und das so kurz vor dem Abpfiff der ersten Halbzeit!

Yakobo war völlig konzentriert. Ich wünschte, er hätte so viele Arme wie seine Tintenfische. Er fixierte Asaf, der schießen würde. Da kam der Pfiff. Asaf hatte sich die untere linke Ecke ausgesucht. Mit einem gewaltigen Hechtsprung flog Yakobo durch die Luft und lenkte den Ball ins Aus. Ich atmete auf, während sich das Publikum mit einem donnernden Applaus bedankte.

Diese Ecke mussten wir noch überstehen. Alle Weißen, auch ihre Verteidiger, standen jetzt in unserem Strafraum oder direkt davor. Sie wollten es wissen und noch ein Tor machen.

Der Ball kam nicht wie erwartet vor das Tor, sondern ging blitzschnell zu Rudi, der ungedeckt vor dem Strafraum lauerte. Er nahm ihn an und schoss direkt aufs Tor. Yakobo hatte keine Sicht, der Ball war unhaltbar. Null zu drei.

Da ertönte der Halbzeitpfiff.

Wir versammelten uns. Irgendjemand hatte wie an einer Baustelle mit einem roten Plastikband einen kleinen Bereich abgesperrt, wo wir ungestört waren. Hier stand Mineralwasser und wir tranken gierig wie die Kälbchen.

»Kein Grund zur Aufregung«, sagte Sosovele beruhigend. »Jetzt kennt ihr ihre Stärken und Schwächen, jetzt könnt ihr loslegen. Ihr müsst Said mehr einbeziehen, mit seinen Pässen bringt er Chaos unter die Gegner. Die Abwehr muss mehr laufen und vorsichtiger sein. Noch einen Elfmeter und wir können einpacken. Wollt ihr das etwa?«

Wir brüllten wie angeschossene Löwen, dass das nicht in Frage käme. Und komischerweise glaubte ich es auch. Wir lagen zwar zurück, und nicht zu knapp, aber unser Kampfgeist war eher stärker als vorher.

»Die sind gleich fertig«, behauptete ich, während ich von Spieler zu Spieler ging. »Jetzt kommt unsere Stunde, Freunde! Kein Grund aufzugeben.«

Mirambo knurrte und legte mir zustimmend eine Hand auf die Schulter. Dann verschwand er hinter der Mauer am Spielfeldrand. »Das war höchste Zeit«, sagte er, als er zurückkam, und suchte in seinen Kleidern nach den Zigaretten. Aber Sosovele hatte das bemerkt. Er verlangte nach dem Päckchen und nahm es sicherheitshalber an sich.

»Später«, sagte er. »Jetzt wird nicht geraucht!«

Über Mirambos enttäuschtes Gesicht musste selbst Sosovele lachen.

21 Zweite Halbzeit: Der Zauberfuss

Wir tranken und alberten noch ein bisschen herum und gingen dann auf den Platz zurück. Nach dem Anpfiff hatten wir den Ball. Wir schoben ihn noch unschlüssig hin und her, da schnappte ihn sich Mandela, die weit nach vorne gekommen war. Ich hatte sie noch nie so schnell erlebt, wir begleiteten sie rechts und links. Wie sie Körpertäuschungen vollführte, war sehenswert. Kann auch sein, dass die weißen Jungs sich nicht getrauten, sie zu stoppen. Vor ihr standen nur noch die Abwehrspieler, bereit, sie auflaufen zu lassen. Torwart Soner kam aus seinem Kasten, es herrschte volle Anspannung und Verwirrung im gegnerischen Strafraum.

Da blieb Mandela plötzlich stehen, so als sei ihr die Puste ausgegangen, und lupfte den Ball über den Abwehrriegel. Man hatte den Eindruck, er würde weit über das Tor gehen. Aber er senkte sich wie von Geisterhand, Soner taumelte mit erhobenen Armen zurück. Vergeblich. Der Ball landete hinter der Torlinie.

Eins zu drei. Immerhin eine Art Anschlusstreffer. Mandela schüttelte alle Versuche ab, ihr zu gratulieren. So bescheiden war sie sonst nie.

Das Tor hatte unglaubliche Wirkung auf unsere ganze Mannschaft. Jetzt legten sich Mirambo und Omari richtig ins Zeug. Fabelhaft, wie sie den Ball beherrschten und die Weißen aussteigen ließen. Das Zwei-zu-drei, das sie wenig später zu Stande brachten, war eine strategische Gemeinschaftsleistung. Ein Doppelpass wie aus dem Lehrbuch bereitete den Treffer vor, durch den die Gegenspieler ausgetrickst wurden. Mirambo musste den Ball nur noch über die Torlinie schieben.

Im Stadion war wieder Jubel ausgebrochen. Sprechchöre von allen Seiten: »Mirambo – Omari! Mirambo – Omari! Mirambo – Omari!« Selbst ein Blinder konnte sehen, dass die Weißen richtig verdattert waren. Dieses Tor hatten sie nicht erwartet. Es war ein Meisterwerk. Wir hatten es ihnen gezeigt!

Aber das Spiel kippte noch einmal. Ganz unerwartet, denn eigentlich waren wir am Zug. Said hatte mich mit einer langen Flanke angespielt, ich bekam den Ball sofort unter Kontrolle, wich den Gegenspielern Nicki und René zur Mitte hin aus und spielte Kassim an. Er hatte sich gegen Wölfchen und Boris zu verteidigen. Wie ein Büffel, der von Hyänen umzingelt ist, drehte er sich, immer den Blick auf den Ball gerichtet. Ich merkte, dass er aus den Augenwinkeln einen Mitspieler suchte, der nicht bedrängt wurde. Plötzlich befreite er sich, schlenzte den Ball zu mir – und ich stand frei. Mein Schuss war wohl der schärfste, der mir jemals gelungen ist. Der Ball knallte gegen den Torpfosten, der bedenklich schwankte, und ging ins Aus. Ich hätte heulen können.

Kassim und ich verschnauften noch, da hatten die Gegenspieler den Ball schon wieder über die Mittellinie gebracht, leichtfüßig und scheinbar mühelos. Sie schickten ihren Rechtsaußen Asaf auf die Reise, der bis zur Strafraumlinie kam und nach innen flankte. Im Strafraum herrschte ein unglaubliches Gewusel. Ich sah Mandela kämpfen, Hanan lag im Clinch mit Yannik und Boris, brandgefährlich! Keiner sah genau, wie der Ball über die Torlinie gelangte. Vermutlich war es Nicki gewesen. Der Pfiff des Schiedsrichters war nicht zu überhören: Es stand zwei zu vier.

Die nächsten zwanzig Minuten waren purer Kampf auf beiden Seiten, keiner konnte eine wirkliche Torchance herausarbeiten. Und die Kräfte beider Mannschaften waren am Ende. Obwohl es später Nachmittag war, hatte die Hitze noch nicht nachgelassen. Die Trikots schlabberten schweißnass an unseren Körpern. Ich brannte natürlich darauf, ein Tor zu schießen, und machte mich im richtigen Augenblick mit Said davon in die gegnerische Hälfte.

»Geh du links!«, rief mir Said zu und führte den Ball nach rechts, um scheinbar von dort aufs Tor zu gehen. Sofort versammelten sich vier Spieler um ihn. Sie hatten seine Gefährlichkeit längst erkannt, obwohl er noch kein Tor geschossen hatte. Plötzlich stoppte er, als müsse er überlegen. Dann hob er blitzschnell den Ball über alle Köpfe hinweg zu mir, er landete auf meinem Fuß. Ich schoss flach und mit viel Speed, hatte keine Ahnung, ob er am Tor vorbeigehen würde. Torwart Soner machte sich lang. Vergeblich. Es stand drei zu vier.

Ich sah meinen Papa in den Zuschauerreihen am Rand des Platzes die Arme hochreißen und schreien. Bei dem allgemeinen Jubel konnte ich kein Wort verstehen. Helen hüpfte herum, Lehrer Maeda lachte, Pater Jonathan bekreuzigte sich immer wieder.

Ich bedankte mich bei Said, der verlegen und bescheiden abwinkte.

Noch zehn Minuten zu spielen. Uns fehlte ein einziges Tor zum Ausgleich. Der Ball bewegte sich jetzt meist im Mittelfeld, keiner wollte sich eine Schwäche leisten, jeder den anderen überlisten. Mirambo war fast völlig ausgeschaltet, wie ein Eber, der von Jagdhunden umzingelt ist. Er konnte machen, was er wollte. Er kam nicht an den Ball, und wenn er ihn einmal hatte, versperrten sie ihm jeden Weg.

Da sah ich, dass Said unvermittelt an den Spielfeldrand lief, dorthin, wo mein Papa stand. Er zeigte mit dem Finger auf ihn, dann auf sich selbst und das Tor. Ich verstand, was er damit sagen wollte. Er wollte jetzt ein Tor für seinen neuen Chef schießen. Ziemlich wagemutig, dachte ich noch, da spurtete er schon los. Es gelang ihm, Rudi und Paul den Ball abzunehmen. Doch zu unserer Überraschung spielte er nicht in Richtung Tor, sondern gab den Ball zurück zu Mandela, die fast bis zur Mittellinie aufgerückt war. Er selbst lief zum gegnerischen Tor, ohne sich umzusehen. Dabei achtete er darauf, nicht ins Abseits zu geraten. Da zog Mandela ab, Said rannte sofort weiter nach vorn. Der Ball senkte sich direkt auf Said und es schien, als habe er Augen im Hinterkopf. Er donnerte ihn volley aus fünfzehn Metern Entfernung ins Tor. Unhaltbar für Soner! In seinem Ärger schrie er seine Vorderleute an, vermutlich auf Türkisch.

Wir rissen die Arme hoch und das Publikum tobte. Ein solches Tor hatte man hier noch nie gesehen. Said blieb ganz ruhig, grinste meinem Vater zu und ging auf seinen Libero-Platz vor dem Strafraum zurück. Vier zu vier. Und noch fünf Minuten zu spielen.

Keiner hatte Lust auf eine Verlängerung in dieser Hitze. Da passierte etwas, das nur ich hätte verhindern können: Durch die

Menschenmenge am südlichen Ende des Platzes kam gemächlich eine Kuhherde getrottet und begann, diagonal das Spielfeld zu überqueren. Die Viecher schienen die vielen Menschen entweder nicht zu sehen oder sie hatten keine Scheu. Langsam, wie es ihre Art ist, schritten sie über den Platz, nichts konnte sie aufhalten. Hoffentlich lassen sie nichts fallen, schoss es mir durch den Kopf. Willi hatte abgepfiffen und ich befürchtete, er würde das Ende der regulären Spielzeit verkünden. Als die Zuschauer die Prozession der Kühe bemerkten, machte sich überall Gelächter breit. Wir Spieler wichen den Tieren aus, bis die letzten Rinder verschwunden waren.

Willi befahl, ihm den Ball zu geben. Er rief die Spielführer in die Mitte zu sich und sagte:

»Schiedsrichterball! Schnappt ihn euch!« Dann warf er den Ball hoch in die Luft. Otto holte ihn sich mit dem Kopf, wobei er mich rempelte, dass mir der Schädel dröhnte. Uns blieben noch zwei oder drei Minuten, um eine Verlängerung und vielleicht ein Elfmeterschießen zu vermeiden. Mir war, als hätte ich Blei in den Knochen. Den Weißen und meinen Leuten schien es ähnlich zu gehen.

Während alle ein bisschen müde herumkickten und auf den Abpfiff warteten, ging etwas Unglaubliches ab: Ich sah, wie sich unser Torwart Yakobo die Turnschuhe auszog und ganz ruhig hinter sich warf. Schon rannte er los. Aber wie! Er fuhr schnell wie eine Gazelle zwischen die Gegenspieler, schnappte sich den Ball mit seinen großen nackten Füßen und führte ihn, als sei er an seinem Fuß festgewachsen. Er blickte nur auf das Tor, überwand blitzschnell Rudi, Olaf, Nicki und Otto, lupfte den Ball über Paul und schon klebte er wieder an seinem Fuß. Zwischen ihm und dem Torwart waren noch vier oder fünf Meter Luft, sonst nichts. Plötzlich stolperte er, fiel auf die Knie und der Ball trudelte langsam in Richtung Tor. Soner lief raus, um ihn sicher aufzunehmen. Da sprang Yakobo hoch wie eine aufgeschreckte Löwin, erreichte den Ball gerade noch vor dem Torwart, steuerte kurz nach rechts und schoss ihn unhaltbar ins Netz. Der Schuss war so scharf, dass er mitten durch die vermoderten, aber doppelt vernähten Netze ging und zwischen den Zuschauern landete.

Völlige Stille auf dem Platz und im Publikum. Keine Hand rührte sich. Mir pochte das Blut in allen Adern und ich wartete auf irgendeinen Pfiff des Schiedsrichters wie auf eine Erlösung.

Durfte ein Torwart überhaupt Tore schießen?

Dann hörte ich den Pfiff. Wir warfen die Arme hoch und konnten es nicht fassen.

Ohne auf den unglaublichen Jubel zu achten, trabte Yakobo gemächlich zurück in sein Tor. Ich sah, wie Pater Jonathan und Pater John Henschel sich umarmten. Sie tanzten wie zwei Derwische, die ich einmal in einem Buch gesehen hatte. Yakobo saß auf dem Boden und zog sich in aller Ruhe seine Schuhe wieder an.

Es kam zu keinem neuen Anstoß. Willi blickte auf seine Uhr und pfiff das Spiel ab. Auch die fünf Minuten Nachspielzeit wegen der Kühe waren vorüber.

Jetzt stürmte das komplette Publikum von allen Seiten auf den Platz. Wenn du meinst, sie hätten nur unsere Spieler umarmt, irrst du dich gewaltig. Ich hatte den Eindruck, dass jeder aus unserer Stadt endlich einmal einen Weißen an seine Brust drücken wollte. Schließlich umarmte hier jeder jeden. Begeisterungsschreie, hohe

Triller und der Tumult waren unglaublich. Wir Spieler steckten in der Menge, verloren uns aus den Augen, sahen in Gesichter, die wir noch nie gesehen hatten, ließen uns küssen. Dass Helen plötzlich vor mir stand und mich umarmte, war natürlich etwas anderes und hochwillkommen. Pater Jonathan und sein Kollege Henschel segneten mich, obwohl sie genau wussten, dass ich lutherisch bin. Kann ja auf keinen Fall schaden, dachte ich.

Da erscholl ein lang gezogener Pfiff von dem Hügel bei unserem künftigen Clubhaus. Ich sah Lehrer Maeda Haji, neben ihm Schiedsrichter Willi und unsere beiden Trainer. Sie winkten und ich verstand, dass alle Spieler zu ihnen kommen sollten. Wir drängten uns durch die Menge und stellten uns ungeordnet um sie herum, neben mir standen Otto und Nicki, die beide ein verdammt gutes Spiel abgeliefert hatten. Sie legten mir ihre Arme um die Schultern. Ich wusste, was jetzt kommen sollte, und hätte Trainer Willi gern noch gefragt, ob Pater Jonathan ihm Tipps für das Gebet gegeben hatte. Zu spät.

Der rote Willi stellte sich in Positur. Und siehe da! Neben ihm stand der kleine Sam Njuma, so als gehörte er mindestens zum Management des Vereins oder sei eine Art Messdiener wie bei den Katholischen. Er hielt einen der Bälle vor dem Bauch und faltete darüber die Hände. Die war echt gut drauf, unsere kleine Rotznase!

Es hatte sich wohl im Ort herumgesprochen, dass nach jedem Spiel gebetet wurde. Der letzte Lärm verstummte. Alle warteten.

Ich war gespannt, was so ein Trainer aus Deutschland beten würde. Er sprach auf Englisch, und nach jedem Satz übersetzte Maeda ins Kisuaheli.

»Das Spiel ist Gottes schönstes Geschenk an die Menschen. Nur im Spiel sind wir ganz wir selbst. Das Spiel zeigt uns, dass Verlieren kein Verlust ist, Siegen kein Grund für Hochmut. Das Spiel schenkt Gemeinschaft – und wir waren in dieser Stunde eine wunderbare Gemeinschaft: die Spieler, die Trainer, die Zuschauer. Als du, Gott, das Spiel abgepfiffen hast, waren wir nur noch glücklich. Es gab keine Verlierer und keine Gewinner. Du hast uns Begeisterung geschenkt, Vergessen des schwierigen Alltags, aller Ängste und unserer und eurer Probleme. Wir waren in dieser Stunde wie bunte Steine in deiner Hand, egal ob schwarz oder weiß, Christ oder Muslim. Du hast den Spielern und den wunderbaren Zuschauern Fairness gegeben und Freude an Gemeinschaft, unserem höchsten Gut.

Dafür danken wir dir!«

Ich weiß nicht, ob man in Deutschland nach einem super Gebet in Applaus ausbricht, aber unsere Leute hier spendeten Beifall, als wäre noch ein Tor gefallen. Da kennen die nichts!

Ich fand, dass der rote Willi es gut gemacht hatte. Er war aufgeregt, denn sein Gesicht war jetzt so rot, wie man es nur von manchen Tomatensorten kennt. Eine Menge kleiner Kinder standen mit großen Augen um ihn herum und versuchten voll Bewunderung und Scheu, einmal seine sommersprossigen haarigen Beine und Arme anzufassen. Die Chance, die Haut eines *Mzungu* zu berühren, kriegten sie nicht jeden Tag.

Und dann zogen die Menschen langsam zum Strand, als hätten sie alle eine persönliche Einladung in der Tasche.

22 Eine »richtige« Fehlentscheidung

Wir hörten die Trommeln schon von weitem. Ich habe nie herausgefunden, wer das alles organisiert hatte. Bei uns in Afrika passieren manchmal geheimnisvolle Sachen, manche nennen das Zauberei. Ein paar kleine Feuer kokelten in alten Tonnen und dicke Marktfrauen boten, lautstark schwatzend, gebratenes Fleisch, Fische, geröstete Maiskolben und Bananen an. Auch eine Menge Kästen mit Bier und Limonade konnte ich ausmachen. Hier war ein richtiges Volksfest im Gange.

Aus Gründen, die ich mir nicht erklären konnte, war ich in nachdenklicher Stimmung. Ich versuchte, mich abzulenken. Warum groß nachdenken, wenn man gewonnen hat?

Wir Spieler wollten unbedingt sofort ins Meer springen, um den Schweiß loszuwerden. Wir drängelten uns mit Mühe durch die Menge. Alle waren so ausgelassen, dass keiner richtig bemerkte, dass wir nackt ins Wasser sprangen. Wir wollten nämlich anschließend unsere Trikots wieder anziehen, damit man uns als Nationalspieler und Sieger erkannte und feierte. Ich konnte aber den Eindruck nicht loswerden, dass die Leute hier gar nicht unseren Sieg feierten, sondern das ganze Spiel. Oder sich selbst, oder wer weiß was?! Einige scharten sich um die Trommeln und Kofferradios und tanzten, andere lagerten mit ihren Getränken am Strand oder standen in Grüppchen herum.

Weil uns jetzt kaum noch jemand beachtete, zogen wir Spieler, die Trainer und ein paar Fans los zur *Travellers Lodge*. Auch da war die Hölle los. Die Kellner hatten alle Hände voll zu tun. Ich hatte schon Sorge, wir würden keine Plätze mehr kriegen. Hätte ich als Spielführer etwa vorbestellen müssen?

An der Theke standen Mama und Papa in der Menge und tranken Bier. Sie turtelten wie ein junges Liebespaar. Immerhin winkten sie Mandela und mir zu, dann waren sie wieder mit sich selbst und ihrem Bier beschäftigt.

Helen hatte vorsorglich einen langen Tisch für uns reserviert. Sie hatte wohl geahnt, dass wir nach dem Spiel gewaltigen Kohldampf haben würden. Keiner fragte heute, wer bezahlen würde.

Said, der wenige Stunden vorher erst kräftig zugelangt hatte, grinste mich an und ließ es sich noch einmal schmecken. Mirambo unterhielt sich fachmännisch mit Kongo-Otto, keine Ahnung, in welcher Sprache. Das Spiel steckte uns allen in den Knochen und wir waren froh, dass wir bequem sitzen konnten.

Draußen wurde es dunkel, ein bisschen von der untergehenden Sonne spiegelte sich rot auf dem Meer. Vom Strand her hörte man Trommeln und Gekreische. Dann war die Sonne weg und man konnte das Rauschen des Meeres hören, weil die Flut kam.

Vermutlich war ich der Einzige, der darauf achtete. Vielleicht, weil ich immer noch nachdenklich war und weil es in meinem Kopf ein paar Fragen gab, die ich aber nicht formulieren konnte.

Die Spieler waren richtig aufgekratzt und redeten mit Händen und Füßen, Englisch, Deutsch und Kisuaheli durcheinander. Jeder von meinen Leuten dachte sicher traurig daran, dass diese tapferen Spieler aus der »Stadt aus vielen Städten« uns morgen verlassen mussten. Aber wir sprachen nicht darüber, um die Stimmung nicht zu verderben.

Trainer Willi kam aus dem Wäschehaus, er hatte sich geduscht und frische Sachen angezogen. Er setzte sich neben mich, nahm sich ein Bierglas und flüsterte: »Na? Zufrieden mit meiner Schiedsrichterleistung, Mister Nelson?« Er hatte sich wirklich schnell an unsere spaßhaften Redensarten gewöhnt. Nur, warum fragte er das?

»Aber klar!«, antwortete ich. Ich zögerte weiterzusprechen. Ahnte Willi etwa, worüber ich die ganze Zeit grübelte? Ich gab mir einen Ruck und stellte ihm eine der Fragen, die mich die ganze Zeit bewegten.

»Darf ein Torwart eigentlich Tore schießen? Ist das erlaubt?«, fragte ich.

Willi zögerte. Dann antwortete er ganz ruhig und ließ seinen Blick über den Garten schweifen.

»Natürlich ist das erlaubt.« Damit schien das Thema für ihn erledigt zu sein.

Doch ich war immer noch nicht zufrieden. Ich weiß nicht, ob du das kennst: Etwas lässt einem keine Ruhe und man hat keine Ahnung, warum.

»Irgendwas stimmt da nicht«, sagte ich und betrachtete seine großen roten Ohren unter den sagenhaften roten Haaren, denn er sah nach wie vor in den Garten. »Irgendwas ist falsch gelaufen, Willi. Ich weiß nur nicht, was.«

Endlich blickte er mich wieder an und grinste.

»Da gibt es nichts zu überlegen: Was ein Schiedsrichter entscheidet, ist gültig«, sagte er nur.

»Klar. Trotzdem möchte ich wissen, was falsch gelaufen ist, Mister Willi! Es bleibt unter uns. Aber ich als Spielführer habe ein Recht darauf, das zu erfahren.«

»Du bist ein hartnäckiger Bursche, Nelson!«, stellte Willi fest. Und dann beugte er sich näher zu mir und sagte leise: »Also, das letzte Tor. Es war nicht korrekt.«

Ich sah ihn verständnislos an.

»Dass Mister Yakobo das Tor barfuß gemacht hat, hätte ich eigentlich pfeifen müssen.«

»Aber warum denn?« Ich stand voll auf dem Schlauch.

Willi wich meiner Frage zunächst aus. »Ich habe aus zwei Gründen nicht gepfiffen, Mister Nelson. Das sage ich dir im Vertrauen. Yakobos Tor war eine Glanzvorstellung. Eleganter hat die Welt einen Spieler, der zum Tor drängt, selten erlebt. Er tanzte wie eine Gazelle durch eine Herde Büffel und ließ sie alle stehen wie dumme Jungs oder Anfänger. Das war großartig und einmalig. Seinen Alleingang abzupfeifen, wäre eine Sünde gewesen! Außerdem habe ich nicht gepfiffen, weil ich wie alle anderen völlig verblüfft war. Schließlich riskierte Yakobo eine Menge, denn sein eigenes Tor stand ja offen wie eine Scheune.«

Ich wusste immer noch nicht, warum er hätte abpfeifen müssen, und bohrte nach, bis er sich zu einer richtigen Antwort bequemte.

Willi nahm einen großen Schluck Bier und sah mich dann an.

»Nach den internationalen Regeln müssen alle Spieler gleiches

121

Schuhwerk tragen«, sagte er wieder ganz leise, weil es nur für mich bestimmt war.

»Aber warum denn? Wenn jemand doch barfuß besser spielen kann?« Ich war völlig verstört.

»Es ist wegen der Verletzungsgefahr, verstehst du?«

Nun rutschte ich unruhig auf meinem Stuhl hin und her. »Aber Yakobo ist ohne Berührung eines Gegners durch alle Reihen gestürmt«, gab ich zu bedenken.

Willi nickte und nahm noch einen kurzen Schluck aus seinem Glas. »Richtig, verletzt hat er sich nicht. Aber Regel ist Regel!«

»Und wenn der Schiedsrichter nicht pfeift, geht das in Ordnung?« Das kam mir merkwürdig vor.

»Natürlich! Fehlentscheidungen passieren immer wieder. Auch Schiedsrichter sind Menschen, die irren können.«

»Wolltest du uns etwa gewinnen lassen?«, fragte ich misstrauisch. Also gab es doch einen Grund für mein komisches Gefühl nach dem Spiel.

»Unsinn! Auf keinen Fall! Ich habe zuerst gar nicht nachgedacht, weil ich so begeistert und überrascht war. Erst später, als ich längst das Tor gegeben hatte, wurde mir klar, dass ich falsch gepfiffen, aber richtig gehandelt hatte. – Sei mal ehrlich, Nelson! Hätte sich irgendein Spieler eine Verlängerung gewünscht? Bei der Hitze und dem ganzen Staub? In der Verlängerung wären meine Jungs sowieso untergegangen. Sie waren am Ende, ganz anders als ihr! Fünfunddreißig Grad im Schatten, das kennen die nicht. Ich trage die Verantwortung für sie und war froh, dass endlich ein Tor fiel, egal für welche Seite. Ich hatte also ein ganze Menge von Gründen, das Tor zu geben.«

Er schlug mir mit seiner großen roten Hand auf die Schulter, wie Papa es immer machte.

»Ich habe den Eindruck«, schrie er mir ins Ohr, weil es um uns herum immer lauter wurde, »dass sich hier niemand mehr dafür interessiert, wer gewonnen oder verloren hat. Dieses Länderspiel war unser tollstes Erlebnis in Afrika. Guck dich mal um, Mister Nelson!« Tatsächlich sah ich nur begeisterte Gesichter, die allerdings in diesem Augenblick ihre Teller und Gespräche vernachlässigten und in eine Richtung blickten. Willis letzte Worte gingen beinahe unter, weil alle im Rhythmus der Musik begeistert klatschten. Auch Willi und ich guckten dahin, wohin alle anderen guckten.

Eigentlich wollte ich es nicht erzählen. Meine Schwester Mandela führte wieder einmal eine ihrer Spezialeinlagen vor: Sie tanzte auf dem Tisch. Ich hatte nicht mitgekriegt, woher sie plötzlich die knallroten Leggins hatte. Darüber trug sie das Trikot mit unseren Landesfarben. Das sah großartig aus! Sogar meine Eltern, die solche Auftritte sonst eher skeptisch betrachteten, strahlten begeistert. Die Stimmung war einfach fantastisch, da vergessen sogar Eltern ihre Vorbehalte.

Und siehe da! Der kleine Sam Njuma hatte sich zwischen die Stühle gequetscht, um sich mit dem Mittelfeldspieler Nicki bekannt zu machen. Vermutlich hoffte er, auch Nicki hätte Einfluss bei *Juventus Turin* und könnte ihm später einen Stammplatz in der italienischen Mannschaft beschaffen. Ich war ziemlich sicher, dass er es bei Sosovele schon versucht hatte. Sam überließ nichts dem Zufall. Mich bedachte er nur mit einem giftigen Blick, weil ich ihm gedroht hatte, ihn an einen Baum zu binden. Der Kleine hatte ein T-Shirt unserer Mannschaft ergattert, es hing wie ein bunter Sack an ihm herunter und reichte ihm bis an die nackten Füße. Er hielt immer noch den Ball an seinen Bauch gepresst, als wollte er ihn nie wieder hergeben.

Mandela tanzte auf Zehenspitzen elegant um alle Teller, Gläser und Flaschen herum, ein unglaublicher Slalom! Sie hatte ihr bezauberndes Lächeln aufgesetzt, aber ich bemerkte natürlich, wie angespannt und konzentriert sie war. Vermutlich war ich der Einzige, der das bemerkte. Wenn es um meine Schwester und ums Tanzen geht, macht mir keiner was vor!

Aber da ich eher der ruhige Typ bin und mich lieber im Hintergrund halte, ließ ich mir nichts anmerken. Und ich war wieder mal richtig stolz auf sie.

Nägel mit Köpfen – damit Said seine Fußballschuhe bekommt

Der tansanische Küstenort Bagamoyo am Indischen Ozean war mir von früheren Besuchen bekannt. Hier sollte mein Buch über die Fußballjugend in Afrika spielen. Bei einem Mittagessen in Ahlen/Westfalen traf ich meinen Freund Nkwabi und fragte, ob er bereit sei, mir mit Informationen zu helfen. Da schlug er mir vor: »Besser, du kommst für ein paar Tage nach Bagamoyo!«

Also bin ich im Oktober 2008 mit der Journalistin Sabine Jaeger nach Tansania aufgebrochen. Sabine plante eine Rundfunksendung zum gleichen Thema. Nkwabi hat uns überallhin begleitet, übersetzt und zahlreiche Türen geöffnet. Die Gespräche mit den Jugendlichen, die Beobachtungen am Strand, auf dem Fußballplatz und in den Schulen haben meine Geschichte von »Nelson und Mandela« erst möglich gemacht. Wir haben bei unserem Besuch begeisterte Spielerinnen und Spieler getroffen. Richtige Fußballschuhe hatte niemand, die wenigen Bälle waren verschlissen, die Trikots hatten keine einheitlichen Farben. Als uns der Gründer des Vereins »Saadan Social & Art Club«, der Lehrer Maeda Haji, beim Abschied bescheiden fragte, ob man von Deutschland aus nicht etwas für die Jugend Bagamoyos tun könnte – da gäbe es doch so viele Probleme (und er meinte nicht nur Fußballschuhe!) –, versprachen wir, uns zu bemühen.

Bei den Verantwortlichen des Fanclubs von Borussia Dortmund (BvB International e.V.) stießen wir auf offene Ohren und Herzen.

Hilfe für die Jugend Afrikas wird oft versprochen, aber dieses Versprechen selten gehalten. Die Mitglieder des Kamener Fanclubs hingegen machten Nägel mit Köpfen – und setzten eine Menge in Bewegung. Sie halfen mit neuen und gebrauchten Schuhen, Trikots, Bällen, Reisegeld zu Auswärtsspielen und was sonst benötigt wurde. Schon im Juli 2009 ging eine stattliche Menge Sportausrüstungen auf die Reise nach Bagamoyo – und dort war die Freude groß. In der Folge will der BvB International e.V. (der für seine völkerverständigende und integrative Arbeit ausgezeichnet wurde) auch außerhalb des Fußballplatzes in Bagamoyo Hilfe leisten, denn es fehlt an vielen Dingen, die für uns selbstverständlich sind.

Wer sich darüber informieren will, kann das im Internet (www.bvb-international.de) tun; wer direkt und ganz konkret den afrikanischen Fußballfreunden helfen will, für den nennen wir hier das entsprechende Konto.

Ihr Hermann Schulz

BvB International e.V.
Sparkasse Kamen
Konto: 39909
BLZ 443 513 80
Bitte als Verwendungszweck »Bagamoyo« angeben.
Spendenquittungen sind möglich.

Die Revanche

Hermann Schulz
Mandela & Nelson –
Das Rückspiel
160 Seiten
Gebunden
ISBN 978-3-551-2008-2

So ein Spiel hatte Bagamoyo, der kleine Fischerort an der Küste Tansanias, noch nicht gesehen. Elf Spieler aus Deutschland, Jungs im Alter zwischen 12 und 13 aus dem Ruhrgebiet, sind nach Afrika gekommen, um die Mannschaft von Bagamoyo herauszufordern. Bagamoyo gewinnt. Ein halbes Jahr später landen Nelson und seine Mannschaftskameraden in Dortmund, um die neuen Freunde wiederzutreffen und das Rückspiel auszutragen. Revanche muss sein!

www.aladin-verlag.de

 ALADIN

Schwarz und Weiß

Carolin Philipps
Milchkaffee und Streuselkuchen
144 Seiten
Taschenbuch
ISBN 978-3-551-35771-7

Milchkaffee! Gleich am ersten Tag hat Boris dem Neuen diesen Namen verpasst. Er findet Sammy, dessen Eltern aus Eritrea stammen, eben einfach bescheuert. Denn wie kann es sein, dass einer mit dunkler Haut genauso gute Aufsätze schreibt wie Boris? Und ihm auch noch den Platz im Schulorchester wegschnappt! Doch dann wird Sammy bei einem Brandanschlag an der Hand verletzt. Und ausgerechnet Boris, der alles gesehen hat, soll ihm die Hausaufgaben bringen.

www.carlsen.de